最後にあなたを救う禅語

福厳寺住職
大愚元勝

扶桑社

はじめに

現代は、「生きづらい」と感じている人がたくさんいます。私がYouTubeで発信している『大愚和尚の一問一答』という悩み相談チャンネルには、「プレッシャーを感じている」「心身ともにへとへとだ」「自分が好きになれない」などなど無数の悩みが寄せられます。私もかつては、そのような悩める者のひとりでした。そんな人へ向けて「禅語」は、ちょっとだけ視点をずらしてごらん、と教えてくれます。

自分の周りの状況を変化させるためには、労力と時間がかかります。連続する苦難に疲れて、もう何もしたくないという人もたくさんいます。

禅語は、短く鋭い言葉の中に、私たちの心眼を開かせ、迷いから悟り（気づき）へ導く力を秘めています。何かがうまくいかない人、何をやってもうまくいかなかった人というのは、欲や怒り、思い込みや幻想に惑わされて、起きている問題の本質や、好き嫌いを離れた現実を正しく認識できていないことが多いのです。

行き詰まったとき、最後の救いになるのは、常に自分です。「自分で気づくこと」こそが、あなたが最終的に苦しみを手放していく方法です。この本は、迷える現代人にふさわしい50の禅語を選び、私なりの超訳と解説を記しました。どれもこれも私をどん底から救い、今も日々、訓戒となってくれている禅語です。

なぜ今、「禅」は、こんなにも世界に広がり、注目を集めているのでしょうか。

禅とは、2500年前にお釈迦様が、王子としての裕福な暮らしを捨てて出家し、猛烈な修行の末に悟り、弟子たちに伝えた教えの本質のことです。お釈迦様は自ら悟りに至った後、余生をかけ、人々が苦しみから逃れ、心の平安を得られるよう、教え導かれました。

思い込みや幻想にとらわれることなく、現実をありのままに捉える力のことを「智恵」といいます。生きとし生けるものに等しく慈しみの心を持つことを、「慈悲」といいます。お釈迦様は、この「智恵」と「慈悲」を自分の中に励み育てることによって、誰もが迷いを離れ、安心を得ることができると説かれました。けれどもお釈迦様の死後、時代や地域を超えて教えが広まるなかで、弟子たちの解釈の違いや、尾ひれ、枝葉などが加わることで、仏教の本質が見えにくくなっていきました。そこに登場したのが「禅」です。

禅とは、余計なものを削ぎ落とし、鋭く本質を見極めようとする姿勢のこと。誰か特別な人のための、特殊なものではなく、あなたでも私でも、誰にでも当てはまる教えです。

情報やモノがあふれすぎている現代。選択肢がたくさんあることは一見、豊かで幸せなようですが、何を選べばいいのかわからず、多くの人の心に混乱を招いています。そんな私たちに、「人に頼らず、自分の目をちゃんと見開いて観よ！」と喝を入れ、モヤモヤをスッキリさせてくれるのが、「禅語」です。だから今、禅が世界中の人々に求められているのです。

私は、愛知県小牧市にある福厳寺というお寺で育ちました。厳しい師匠、堅苦しいしきたり。良きにつけ、悪しきにつけ、「お寺の子が……」と噂される重圧。進路を選択しなければならない思春期以降の私の心中には、いつも迷いと葛藤が渦巻いていました。

「将来は何になりたい？」、そう聞かれることがいちばん嫌でした。「どうしてもなりたい」と思うものはない。でも、「どうしてもなりたくない」ものがありました。それが僧侶でした。周囲の説得により進学した仏教系の大学も、大学院も、それなりに充足したものでした。しかし、いつも心の奥底に、「僧侶になる」ことへの抵抗がありました。

自主的にお釈迦様の教えを求めたのは、起業をした30歳の頃からでした。

事業を立ち上げ、社員を雇うことになって気づいたのです。「技術や知識は教えられる。でも、心や人格はなかなか教えられるものではない」と。事業が大きくなるにつれ、会社の理念や方向性に行き詰まり、そこで求めたのが、仏教であり、禅の教えでした。

改めて、自分が育った福厳寺の御本尊を仰ぎ見ました。福厳寺の御本尊は「観音菩薩」

でした。調べると、観音菩薩とは「慈悲心」と呼ばれ、仏教の根本的な教えである「生きとし生ける命を平等に慈しむ大いなる心」を象徴する菩薩様でした。人々の苦しみに寄り添い、喜びを与える。そのために、自らを33もの姿に変化させて人々を救う。京都の蓮華《れんげ》王院《おういん》に安置されている三十三体の観音像が、その変化の姿です。しかも菩薩とは、まだ自分は悟りに至れないけれども、苦しんでいる人がいるなら、救いたい。そのような誓願を立てて歩んでいる求道者を表す言葉でした。

ちょうどその頃、名古屋から東京へ向かう新幹線の中で、敬虔《けいけん》なイスラム教徒でもある、ひとりのパキスタン人男性に出会ったのです。意気投合して話すうちに、自分が将来、僧侶としてお寺に戻るかどうかを迷っていることを打ち明けました。すると彼は、こう言ったのです。「元勝さん、あなたに生涯をかけて追求したいことがあるならば、それをやればいい。でも、もしないのなら、あなたはお坊さんになってください。世界にはそれぞれの国の歴史に名を残した王がいます。偉大なミュージシャンがいます。誰も追いつけないような大富豪もいます。けれども、お釈迦様を見てごらんなさい。キリストを見てごらんなさい。マホメットを見てごらんなさい。民族を超えて、国境を超えて、性別を超えて、年齢を超えて、人々に愛や慈悲心、智恵や勇気を、命がけで与えようとした者は、宗教家をおいてほかにはないんですよ。あなたにはその資質があります」

私にもう迷いはありませんでした。仏教を理念として掲げ、事業のすべてを社員たちに任せて、私自身は福厳寺へ戻り、僧侶として生きる覚悟を決めました。

仏教を企業理念に掲げる企業は、社員たちからも、取引先からも、顧客からも面白がられました。仏教は、何かを信じなさい、という宗教ではなくて、「自分が常にどう生きるか」を問われる教えです。お釈迦様の「自灯明《じとうみょう》」、つまり「あなた自身の中に灯りをともし、あなたの心に従いなさい」という意味の禅語がそれに当たります。

現在、私が会長を務める慈光グループには、宗教法人、学校法人、会社法人など、7事業があります。グループの誓願は、小さくてもいい、少子高齢化が進む地方に、「美しく、ユニークな寺町」をつくること。そこに向けての私の役割は、その町づくり、人づくり、コト（事業）づくりの指針となる仏教（慈悲と智恵の教え）を、応用可能なわかりやすい表現にして、若き時代のチャレンジャーたちに示すこと。今多くの方々が、この寺町構想に共感し、参画してくださろうとしています。

ＹｏｕＴｕｂｅチャンネル『大愚和尚の一問一答』のスタートは5年前。一家崩壊の危機に瀕した、ある親子の相談がきっかけで始めたことでした。現在では英語や中国語、韓国語など、ボランティアで字幕をつけてくださる方も現れたため、多言語で配信され、世界中に視聴者が広がっています。

このYouTubeの配信には、あらかじめ用意したシナリオがなく、その都度、全身全霊で相談者の気持ちに寄り添い、私の内側に降りてきた処方箋を伝えることで成り立っています。過去の禅師たちがそうなさったように、そして私自身が今そうあるように、人生の迷いに際して、お釈迦様の教えと、自らの日々の実践を通して得られた「智恵」。そのふたつを拠りどころとして、ひとつの答えに至るのです。

ここに挙げた50の禅語も同様です。不安な世情の中、読者のみなさんが抱える迷いや不安の突破口を禅語の中に求め、今とらわれている場所から一歩でも二歩でも歩みを進めていただきたいと思って書き進めました。

禅とは、単なる考え方ではなく実践です。「生き方」「生きざま」そのものなのです。この本を手にしたその日から、禅語に導かれながら、禅を実践し、豊かでしなやかな明日への一歩を踏み出していただけたらうれしいです。

大愚元勝

※禅語の右上の数字部分が●になっているものは、大愚和尚オリジナルの禅語です

1章 困難を打破する言葉

2章 自分を強く進化させる言葉

3章 成功を引き寄せる言葉

4章 日常を学びに変える言葉

1章

困難を打破する言葉

01

【大愚《たいぐ》】

大ばか者こそが、
常識を突き破り
自由に羽ばたける

私が修行しているとき、「大愚」という僧名をくださったのは、師匠です。しかし、最初から「大愚」だったわけではありません。

私は寺の子として生まれ、3歳から経本を与えられ、5歳からは法衣を着て、葬儀や法事などの仏事にもカバン持ちとして連れていかれるような環境で育ちました。しかし、思春期にさしかかると、親の敷いたレールに乗りたくないといった反発心から、僧侶にだけはなりたくない、一刻も早く外へ出てやると猛烈に反発しました。そのためには自分で生活費を稼がねばなりません。そこで高校2年のときにお寺の一室で、小、中学生を対象にした英語塾を開いてお金を貯め、遠く離れた海外の、誰も自分を知らないところへ行くことだけを夢見ていました。

しかし、高校3年生になったある日のこと、アメリカからやってきた大学教授の男性が私の寺を観光に訪れ、案内する機会があったのです。私は一通りお寺を案内した後、自分の進路について相談したのです。すると彼は言いました。「目指すところがあるなら、そこを目指せばいい。でもそれがないのなら、せっかくお寺という環境で育ったのだから、仏教をちゃんと学んでみてはどうだろう」と。

そこで駒澤大学に進学して仏教学を専攻し、「若いうちに修行にもいっておいたほうがいい」という先生のアドバイスに従って、大学卒業後には曹洞宗の本山で修行に入ったのです。

修行に入る前、師匠からいただいていた僧名は「仏道《ぶつどう》」でした。修行道場では、その名に恥じぬよう精進したつもりでした。朝4時に起き、クタクタになって行に励み、夜1時に布団に入る。75キロあった体重は1～2週間で10キロ落ち、心身ともに執着を手放して進化したはずでした。ところが、3か月が過ぎても、6か月が過ぎても、世俗に残してきた数々の未練によって、心が張り裂けんばかりの体たらくなのです。坐禅をしていても、作務《さむ》に打ち込んでみても、常に心がざわついて仕方ありませんでした。さらに、こんなことを続けていて意味があるのかと、修行自体や修行道場に対しても、身勝手な不満を募らせていきました。こうしている間に同級生は社会人としての経験を積み、どんどん成長しているはず。それに比べて自分はまったく成長できずにいる。そんな焦りや妄想が頭の中を占め始め、苦しくて仕方がありませんでした。本山を離れたくて仕方がなかったのです。

このままでは自分がダメになってしまう、というぎりぎりの思いで、師匠に手紙を書きました。自分がいかに修行に向かない人間であるかを綴ったのです。修行に入って8

か月が過ぎた頃のことでした。

しばらくすると返事がきて、そこにはこう書いてありました。

「落ちろ。落ちて落ちて落ちきったら落ち着く。おまえの名前は仏道ではなく、今日からは大愚だ」

大愚とは、大ばか者という意味です。師匠は、おまえは落ちて、大ばか者になれ、と書いてきたのです。

一瞬何のことかわかりませんでした。しかしすぐに、大愚の裏に込められた深い意味と、師匠からのメッセージを悟りました。

それまでの私は「仏道」という名前をいただき、その名に恥じぬよう、誰からも一目置かれ、お釈迦様や道元禅師のように慈悲深く、賢く、ずば抜けた人にならなくては、と思っていました。本当は欲深いのに、欲など捨てきったふりをし、本当は賢くもないのに、賢いふりをしていました。立派な人にならないと、周囲の人たちが離れていってしまうのではないか、と心のどこかでいつも恐れ、かっこつけて生きてきました。

「大愚」の意味を受け止めた瞬間、**もう見栄を張らなくてもいいんだ、自分を偽る必要はないんだ、と大きな呪縛から解放された気がしました。**これまで張り詰めていたものが切れたかのように、泣けて、泣けて、仕方ありませんでした。

そして、涙が出つくしたときに、気持ちがすっと楽になったのです。自分は仏道元勝ではなくて、大ばか者の「大愚元勝」でよいのだ、と。

名は体を表します。大愚といえば、江戸後期に名僧と慕われた大愚良寛《たいぐりょうかん》さんを思い出しました。良寛さんは自らを大愚と名乗り、権力や財力を誇った大寺院の体制に属すことなく、小さな草の庵《いおり》に住み、民衆とともに生きた人でした。素直に、謙虚に、足るを知って、必要最低限の持ち物と食べ物を村人から施してもらい、地域の人々や子どもらと関わりながら、詩を書き、書をしたため、人々の心に多くの教えを残しました。

私も良寛さんと同じ大愚という名をもらって、恐れ多くも、それまでの価値観が一気に壊され、大ばか者でよいのだと開き直れたのです。

仏道元勝のままだったら、私は今でも賢くなろうとし続けていたことでしょう。みんなに好かれようと、八方美人なかっこつけた僧侶になっていたことでしょう。ＹｏｕＴｕｂｅで発信するなど、思いつきもしなかったでしょうし、挑戦もしていなかったと思います。愚か者という言葉は決してプラスの言葉ではありませんが、そこに「大」がつくことで、常識を突き破るほどの愚か者という意味になります。ですから、ＹｏｕＴｕ beチャンネル『大愚和尚の一問一答』での回答も、相談者の心に寄り添い、私自身も一緒に苦しみながら考えることはしていますが、正解を出すつもりはありません。考えがこり固まってしまって、がんじがらめになっている思い込みの枠を壊し、苦しむ人の心を少しでも解きほぐすために、あるいは揺さぶり、あるいは背中を押して、もっと自由に考えていいんだ、と伝えるのが私の役割だと思っています。

『大愚和尚の一問一答』では、あらかじめ答えを用意することはしません。なぜなら、あらかじめ回答を用意すると、どうしても常識的で一般的な〝小利口〟な答えになるからです。収録開始の瞬間まで、質問者の人生に自分を重ね、問題の背景や苦しみを自分ごととして体感するよう努めます。そこにお釈迦様をはじめとする先人導師たちの言葉をひとつひとつ思い出し、自分であればどうするかを問うのです。

そのとき私の内側からどのような回答が出てくるのか、実はその答えを、私自身が知りません。だからといって、決して何かの霊や神仏のお告げが降りてくるわけでもありません。そのとき私が何を話すのか、そのカギは私の普段の生活にあります。普段何を思い、何を話し、何をどう行うのか。つまり、普段私がどのように生きているのか、その生きざまが、一問に対する一答となって表れるのです。だから私にとっては、撮影収録のときが本番なのではなく、日々の生活そのものが、本番なのです。

あらかじめ用意周到に準備をしない、大愚な本番。だから間違えることもあります。YouTubeなどで大勢の人に向けて発信をしていると、視聴者から、手厳しいお叱りやバッシングを受けることもありますが、それも覚悟の上です。

過去において、間違えたことのない人などいません。**誰もが必ず間違えるから、誰もが人生の最初に習う躾言葉に「ごめんなさい」があるのです。**間違えたら素直にごめんなさい、と謝ればいいのです。

「大愚は大賢に勝る」という先人僧侶の言葉があります。「大賢者」はどうしても自分の賢さにすがります。高いプライドを持っているため、間違っても改める気持ちを持たず、意見を曲げようとしません。**「大愚者」は、人は過ちを犯すものであることを知っています。**それを素直に認め、改める心を持っています。このことは、今を生きる多くの人に向けても言いたいことです。

かつての私のように、頑張るほどに空回りをしてプレッシャーに押しつぶされそうになっている人や今の自分が好きになれない人は、どうか、今日から自分は「大愚」である、という心構えを持ってみてください。

自分は賢いと思い、ものごとの選択や人生の舵取りを間違えないようにしている人は、今の自分が正しいと思いがちです。それゆえ**自分の正しさが崩れることを常に恐れ、緊張し、そんな自分が好きになれなくて苦しい**のです。今、自分が進もうとしている方向性はひょっとしたら間違っているかもしれないと問い、過去の努力にすがることなく、真っさらな白紙状態に戻して、懸命になってみることです。

一般常識や矛盾を突き破り、困難を打破する自由な羽ばたきは、「大愚」であるがゆえに持つことができるのです。

よくぞ、大愚という名前をくださったと、今はつくづく師匠に感謝し、仏の道に身を置いていることに感謝しています。

02

【艱難汝を玉にす】

かんなんなんじをたまにす

困難や苦しみを
チャレンジに変えてみる

「艱難汝を玉にす」の「艱難」は、困難にあって悩み苦しむという意味です。そして**その困難を受け止めた経験があなたを玉＝宝石のように美しく輝かせる、**という意味です。

私はこの言葉を母から習いました。お釈迦様が説かれた「苦しみを手放す法」を的確に表現したこの言葉を、困難な時期を迎えている人や生きづらさを抱えている人の励みになる言葉として届けたいのです。

苦しいときには「どうして自分だけがこんな目に遭うんだろう」と目の前が真っ暗になります。視野が狭くなり、自分がいちばん不幸だと思いがちです。しかし、母を見ていると、心の持ち方次第で、不幸や困難も、まるで人生のチャレンジのように付き合っていけるのだと痛感するのです。

母がこの言葉に出会ったのは、彼女が書家を目指して大学で学んでいるときだったそうです。昭和12年生まれですから、当時、女性が大学に行くということが珍しい時代でした。高校のときにある書家の本に出会った母は、素晴らしさに心打たれ、その先生に師事したくて駒澤大学に入ったと言います。牧場の家に生まれ、6人きょうだいの末っ子だった母は、受験勉強をしていると「女が勉強なんかしなくていい」と両親に叱られたそうです。そこで、みんなが寝静まった後に押し入れの中にろうそくを持ち込んで、そっと勉強していました。

決して裕福な家ではありませんでしたが、必死に勉強する妹の姿を見て、姉たちが学費を工面してくれました。そうまでして学びたかった書です。やっと入学したその後も、寝る間を惜しんで練習したそうです。夏休みは帰省するお金がもったいないこともあり、アルバイトをしながら寮に残って書の練習に励みました。みんなが帰省してたったひとり残った寮の母の部屋には、夜通し灯りがついていました。

それをご覧になっていた、当時の駒澤大学の学長先生が、先生のご著書の裏表紙に、この「艱難汝を玉にす」という言葉を書いて、母にくださったのだそうです。

いつも孤独に耐え、書を書き続けていた自分の様子を見守ってくれていた人がいたこと、そしてこのような言葉をくださったことに感動して、母は泣けて仕方なかったと言います。

そんなエピソードとともに私の心に刻まれているこの言葉に、私は明るい希望を見いだします。艱難＝いくつも襲ってくる困難は、敵ではあるけれど、でも、**その困難や苦労こそが自分を磨き、光り輝く玉にしてくれるのだ**と思えば、困難に果敢に立ち向かっていけるような気がします。

母はその後、大学で父と出会い、寺に嫁ぎました。実家から遠く離れた見知らぬ土地で、慣れない寺のしきたりや重圧の中で苦労し、またお寺では幼稚園も創設して、その時には副園長も務めたので、本当に想像できない日々の苦難を経験した人です。しかし母は、どんな困難に見舞われても逃げることなく、歯を食いしばって乗り越えてきました。それは、あの大学の寮で孤独に耐えながら書を書き続け、ひとつの境地を獲得した手応えがあったからなのでしょう。

60歳を過ぎて体調を崩したときも、体力をつけるために水泳を始め、かなづちだったのに、25メートルを泳げるようになりました。また、70歳を過ぎてからお琴の稽古も始めました。今でも毎朝、4時には起きて、暗いうちから本堂で練習をしています。まさに努力の塊です。そんな年齢になっても、**自分にハードルを設け、困難をチャレンジに変えて楽しんでいる**ようです。

母は、長年書を志してきたために、墨の筆跡だけではなく、余白を見る目を持っています。それは、ものごとの捉え方にも表れています。

たとえば怪我をしたとき、こんなに怪我をしてしまった、ではなくて、このくらいの怪我で済んだ、と彼女は言います。私が交通事故を起こして落ち込んだときも、命があってよかったじゃない、と言う。真っ白なTシャツにお醤油が飛んでも、まだこんなに真っ白な部分があるじゃない、と笑っています。そんなふうに解釈できたら不幸も吹っ飛びます。

苦労し続け、努力し続けると、真に包容力のある人、人を温かく包み込むことができる人になれるのではないでしょうか。母を見ているとそう思います。

気づくと私も母のようなものの見方をしています。ＹｏｕＴｕｂｅでいろいろな悩みに答えることができるのも、お釈迦様の教えにプラスして、多角的なものの見方をすることで、不幸も不幸じゃない、と示せるからなのかもしれません。

今まさに苦しみや困難を重ねている人も、それはあなたを輝かせるためのプロセスなのです。腐ったり投げやりになったりせずに、気持ちを切り替えて前向きにチャレンジすれば、あなたの未来は宝石のように美しく輝いていくことでしょう。

03

【不倒《ふとう》】

失敗したときの振る舞いで、
人間としての真価が決まる

「不倒」は、「倒れない」「倒れないように頑張る」という意味ではなくて、転んでも転んでも、屈することなく起き上がれ！という意味を含んだ禅語です。禅の開祖である達磨大師の、倒しても倒しても起き上がってくる、低重心で、安定したありようを形にした〝だるまさん〟の姿を思い出していただけるとわかりやすいでしょう。

なぜ「不倒」という言葉が現代生活に有効かというと、あまりに失敗することを恐れ、転ばないようにビクビクしている人が増えているからです。

「仕事でミスをして上司に舌打ちされ、それ以降、仕事をしていてもノイローゼ気味です」という若い会社員の人、「顧客アンケートでサービスが悪いとダメ出しされて、仕事をやめようか迷っている」という飲食店アルバイトの女性、「一世一代の大事な仕事で凡ミスして、もうこの世界で生きていけないと思っています」と苦しむ中間管理職の人……。そんな悩みが次々と私のところに届きます。

現代は、失敗や間違いを犯すことは「悪」と思われがちで、「失敗したらただじゃおかないぞ」という圧力がそこかしこにあります。ミスをする前から、ミスを犯したら人生おしまい、と息苦しい思いをしている人が急増しているのです。

テストでいい点数を取ったり、スポーツでレギュラーを獲得するために頑張る。それは大変結構なことですが、それが高じて、物心ついた頃から、**人生につまずかない練習や、転ばない訓練ばかりしてきていないでしょうか。**

優等生になることを目標にして生きていると、先の相談者たちのように、ちょっとしたことで転ぶと、悩み苦しみ、怖がり、起き上がれなくなってしまうのです。

失敗やミスは誰にでも、いつでも起きる可能性があるのですから、むしろ日頃から転ぶ練習をしておくことが大事です。

日本古来の柔道は、まず受け身の練習から始まります。投げられることが前提。倒されることが前提。だから、投げられて倒されても、怪我をしないようにという受け身の訓練が、相手を投げ、倒す技よりも先に習得すべき重要な技として稽古されているのです。一見地味ですが、そういった**受け身の練習を重視する考え方は、私たちの生き方においてもとても有用**だと思います。

最近、飲食店を利用したときのことです。アルバイトの若者が、料理をのせたトレーを落とし、どうしていいかわからずに固まってしまい、先輩スタッフが手際よく片付けてくれているのをただ黙って見ていました。失敗を繰り返して、対処法を知っていれば、「申し訳ありません」と謝って、さっと片付けることができます。そんな当たり前のことができない人が増えているように思います。これまでにもっと失敗の練習をしてくればよかったのに、と気の毒になりました。

とはいえ、いくらでも失敗していい、ということではありません。失敗したら、開き直るのではなく、泣いたり、反省と称していじけたりするのではなく、そこですぐにリカバリーをすることが大切です。誰でも失敗すれば心にダメージを受けます。恥ずかしいし、情けないし、自分自身が不甲斐ない。でも落ち込んだ状態にありながらも、そこからどう失敗を挽回するのか、ということに意識を向けて工夫を積み重ねれば、転んだときの起き上がり方がひとつずつ身につき、失敗を恐れなくなるのです。

失敗を糧に自分の心を鍛え、リカバリーの技を磨いていくこと。そうすれば、保身に走って人のせいにしたり、言い訳をせず、自分がやったこととして責任を持ち、きちんと謝ることができるようになります。

また、誰かが失敗をしたとき、間違いを犯したとき、周りにいる人たちがどういう態度をとるかということも「不倒」という言葉を考えていくときに注目したいことのひとつです。誰かの失敗を周りの人がどう受け止め、どう対処するのかによって、その場の空気が変わり、その後の流れにも影響が出てきます。

学生時代、私が東京のお寿司屋さんでアルバイトをしていたときのことでした。とても忙しい年末のある日曜日、私は特上寿司を、店が新調したばかりの宅配用スクーターに積んで、配達に出かけました。ところがマンホールの上に降り積もった雪でタイヤが空転し、すごい勢いでバイクを転倒させてしまったのです。荷台に積んでいた特上寿司はひっくり返り、新しいスクーターも壊れてしまいました。当時は携帯電話もなかったので、最寄りの公衆電話に走りました。そして震える手で10円玉を投入し、受話器を握りしめて、特上寿司とスクーターをダメにしてしまったことを親方に謝りました。完全に私の不注意でした。すると、親方から大声で怒鳴られたのです。「そんなことはどうでもいい！　おまえの体は大丈夫なのか！」と。

受話器を握りながら、親方の言葉に涙があふれました。

誰かが想定外の失敗や問題を起こしたとき、上司が普段から何を大切にして、何を優先しているのかを学んだ瞬間でした。その親方の言葉と心は、生涯忘れられません。

一方、自分が原因で交通事故などを起こしたとき、訴訟問題に発展した場合を考えて、自分から謝るなということが言われます。でも、自分が犯した過ちなら、とっさに「大丈夫でしたか？」と相手を気遣うことが、その人の人間性から自然と出てくる態度であり、一目置かれる人の振る舞いです。

人として詫びることや、責任を取ることを避けるような世知がらい対応は、失敗を悪とする世間の雰囲気をつくり出してしまいます。失敗することに厳しい時代だからこそ、「不倒」という言葉を意識して、失敗しても、失敗しても立ち上がってほしいのです。そのために大事なのは、**小さな失敗を流さずに、自分の責任として受け止め、素直に向き合うことです。**

そうすれば、どんなことで転んでも、素早く起きて丁寧に対処できるようになりますし、失敗した人を気遣う余裕も持てるようになるはずです。

転んだときの振る舞いや、立ち直り方に、その人の真価が問われるのだと心しておきましょう。

04

【袖裏繍毬値千金】

しゅうりのしゅうきゅうあたいせんきん

他人の土俵で汲々とするより、
自分の世界で自由に羽ばたこう

「袖裏繡毬値千金」は、江戸時代後期、寺を持たない托鉢《たくはつ》僧の暮らしを選び、清貧の思想を貫いた大愚良寛和尚の自由闊達な漢詩「毬子《きゅうし》」の一節です。
全文は次のように構成されていて、最後まで読むと、遊び心いっぱいの良寛さんならではの詩であることがわかります。

「袖裏繡毬値千金　しゅうりのしゅうきゅう　あたいせんきん
謂言好手無等匹　おもうわれはこうしゅ　とうひつなしと
箇中意旨若相問　こちゅうのいし　もしあいとわば
一二三四五六七　ひいふうみいよいいむうなあ」

袖の裏に隠し持っている手毬は、とても価値のあるもの。
わたしは毬《まり》つきがとても上手で並ぶ者はいない。
その極意とは何かと問われれば、
一二三四五六七と答えよう。

良寛さんはこの詩で、自分の毬つきの極意を、ただただ遊んで楽しむこと、と言っています。

実は、良寛さんの生きた江戸時代は、**序列が幅を利かせ、権威あるものにへつらい、お金がある人が偉いという考え方が顕著でした。**

そんななかにあって、子どもたちの毬つきでさえ、「誰がいちばんうまいのか」を競うけれど、自分は、うまい下手の競争ではなく、誰にも負けないくらい楽しく自由に毬をついていますよ、と言うのです。

権威を自慢されると腹が立ちますが、毬つきを自慢する良寛さんには誰も腹を立てないでしょう。良寛さんは、あえて毬の価値や毬つきのうまさを自慢して、**世間の序列主義を批判し、禅の自由な精神を表現しました。**

この良寛さんの詩は、江戸時代だけではなく、ランクづけが大好きな現代人のこり固まった価値観をも、吹き飛ばしてくれるのではないかと思っています。

営業マンとして働く方からの、こんな悩み相談がありました。

「働いても働いても楽にならないラットレースのなかで、成績優秀な営業マンを見るたび嫉妬し、劣等感に陥ってしまいます。弱気な自分に喝を入れてください」

そんな悩みが急増している理由は、業績、売り上げ、ノルマという数字が幅を利かせ、ほとんどの人が数字の競争に巻き込まれてしまっているからなのではないでしょうか。

この方の仕事の目的は、決してナンバーワン営業マンになるためではなかったはずです。自分が良いと信じているサービスや製品を、本当に欲しいという人に届けることが、その人の仕事の本来の目的だったはずなのです。数字は、その結果としてついてくるものです。それが逆転してしまって、サービスや製品のことより、数字が頭を占め、ノルマというプレッシャーに押しつぶされそうになっている人がたくさんいます。

そんな人たちには、結果を出すことより、プロセスを無心で楽しむ、良寛さんの飄然《ひょうぜん》とした価値観を知ってほしいと思うのです。

子どものスポーツ界でも、スポーツを覚え、成長していくプロセスの面白さが、ないがしろにされているように思います。

たとえば少年サッカーでも、レギュラー選手に選ばれることや、試合で勝つことばかりを大切にします。試合に勝つことで、「あそこのチームは強いから、うちの子どもも入れたい」という親が多くなり、メンバーが増え、チーム間の競争原理に子どもが巻き込まれる事態も起きています。

今日は今までで最高のパスを○○くんに回すことができた、今までできなかったドリブルがすごいスピードでできるようになったという、成長過程で感じることができる喜びが無視されがちです。

そんな事態はさらに進み、オリンピックなどに見られる勝利至上主義が、小さな子どもたちの世界までも支配しつつあります。

空手も東京オリンピックの新種目となりました。そんななか、時代と逆行するようですが、私が主宰している空手教室は、大会などの試合に参加することをやめました。その一因に、**行きすぎた勝利至上主義**があります。

試合の勝ち方を教えることはそれほど難しくありません。実際、生徒が試合に出場していた頃は、勝ち残ることに躍起になり、まるで**チャンピオン製造工場**のようになってしまっていたかもしれません。そうなってくると、一回戦負けの子、二回戦負けの子らは、「自分はダメだ」と劣等感を植え付けられることになります。親たちも一生懸命になるため、子どもは試合に負けて泣き、親に叱られて泣かなくてはなりませんでした。

本来、人はチャレンジし、失敗し、**試行錯誤を繰り返す過程で成長する**のです。試行錯誤の経験は空手の世界だけにとどまらず、勉強や趣味などさまざまな場面で応用できて、人生に楽しみを見いだすスキルを身につけることにもなります。ですから今は大会試合を離れ、試合に勝つための答えを教えるのではなく、自分たちで考えて工夫する過程を大切にし、自分自身に勝つことを教えるようにしています。

仕事もスポーツもレストランも、数字やランキングによる他者評価によって優劣をつけがちな昨今。ともすればお寺のランキングも存在します。そんな競争原理のなかで、良いものが増えるどころか、どんどん真価が失われているように思います。たとえば、レストランがランキングを上げようと思えば、本当においしいものを追求するのではなく、見栄えをよくするためにプロのカメラマンに写真を撮ってもらい、撮影費は料理の原価を抑えることで捻出し、写真に引けを取る料理を提供することだってあったりするわけです。みなさんも競争原理のむなしさに気づき始めているのではないでしょうか。

そのようなランキングの土俵に上がり、なんとかいい順位を確保しようと努力することは、もうやめていいと思います。

最初からランキングで上位に食い込むことを目的にして、勝った負けたというレッテルを自分に貼るのではなく、ランキングや仕事の業績、売り上げは二の次にして、まずは、そこに向かっている今を楽しむことです。**夢中になってこの仕事を楽しむことは誰にも負けないぞ、と良寛さんのように、生きている一瞬一瞬のプロセスを楽しんでみましょう。**

もしあなたが今の競争に違和感を抱いているのなら、自分がやりたかったことは何か、何のための今なのかを考え、人の尺度で動かされるような土俵からはさっさと降りましょう。勇気を持ってラットレースから降りてみてください。そして自分がどうありたいか、どうなりたいかという**自分の物差しを持つことです。**そうすればプレッシャーから解放され、視野が広がり、自分の生きがいに向けて羽ばたくことができるはずです。

05

【随縁行】

ずいえんぎょう

肩の力を抜いて、
逆境を受け止める覚悟が
チャンスを引き寄せる

人生は山あり谷ありです。「随縁行」は、もし仮に逆境がやってきても、あるがままに受け止め、ただただ縁に従っていくことを説く禅語です。

私が敬愛する大愚良寛和尚は、まったく身なりに構わない人だったため、物取りと間違われて連行されたことがありました。普通の人なら、「自分は違う、無実だ！」と必死に釈明することでしょう。でも良寛さんは少しもジタバタせず、おとなしく捕まえられました。その後、真犯人がわかり釈放されたのですが、「なぜ無実だと言わなかったのか」と問われ、「こんな汚い身なりをしていれば、疑われても当然です」と答えたそうです。決して自暴自棄なのではありません。連行した直後の興奮気味な警官の態度を観察し、今釈明してもこの様子では疑いは晴れないだろうと判断し、泰然と時を待っていたのです。この態度がまさに「随縁行」＝縁に従うということなのです。

ピンチに陥ったとき、ジタバタして抗うと余計に事態が悪化してしまうことがあります。そういうときは、パニックにならずに、**現状をじっと観察してみましょう。**良寛和尚のように、完全に力を抜いて心を沈静化することです。静かに待てば、必ず、そこに進むべき道が見えてきます。

ともすると私たち現代人は、何事も自分たちの意思で決めて進んでいると思い込んで生きています。どこかで、頑張れば思い通りにならないことはないと、おごっている部分もあるのではないでしょうか。

そんな私たちに鉄槌《てっつい》が下されたかのように、新型コロナウイルス感染症が世界中に蔓延しました。いつ収束するかわからない状況のなかで、中小企業の経営者の方からの嘆きの相談が急増しています。

新型コロナウイルス感染症に見舞われたこの状況は、誰も予想ができなかった逆境です。力ずくでなんとかしよう、予定していた計画をなんとしてでも進めようとあがいてみても、思い通りにはいきません。「本来なら過去最高の売り上げになったはずなのに」と悔やんでいても時間の無駄です。この**困難な局面でどのような態度をとることができるかで、その先に進めるか否かが決まってきます。**パニックや自暴自棄にならずにいるために、今もっとも必要だと思うのが「随縁行」という言葉であり、その実践だと思うのです。**冷静に現状を把握し、この時期だからできることを無理なくこなし、次のチャンスを待ってみることです。**

私自身も事業グループの会長をしていますので、状況が悪化する前に採算性の低い店舗を手放すアドバイスをしたり、最悪の場合を想定して、いくつも対策プランを立てたりしました。多少の打撃はありましたが、各社の幹部たちと日頃からコミュニケーションをとって考えを共有していますから、それぞれがこの状況下で最善の選択や行動をしてくれています。慌てず、出勤と在宅勤務の人をバランスよく配置し、経費の試算を取ったり、見通しの報告書を作ったりと堅実に業務をこなしてくれています。

コロナ禍に限らず、これまでも日頃から、有事の際に業務が続けられなくなった社員には、逆にこの状況をチャンスと捉えるために、「今も元気に営業している大手フードチェーンやほかの業種にアルバイトに出て、ノウハウを蓄えて戻ってきて」と伝えています。普段から副業として掃除代行業や配達業に登録したりして、さまざまな業種にチャレンジしている社員もいるようです。きっと彼らの学びが私たちの会社の未来を支えてくれるヒントになることでしょう。

一方では、これまでなかった新規のサービス業を立ち上げる準備をしています。こんなことがなければ、チャレンジできなかった新しい事業です。

順調なときや、前だけを見て突っ走っているときには気づけなかったことに、逆境に陥ったときに気づかされることも多いのです。このコロナ禍でさえも、ひとつの縁と捉えて次の展開につなげていくことは不可能ではありません。

相談者や私の周囲の方たちに話を伺うと、無駄だった会議を減らし、自分の時間が増えて語学を勉強し始めた人がいました。猛烈に忙しくて、子どもの顔も見ることができなかったけれど、在宅勤務により、子どもと一緒に過ごす時間が増えたと喜ぶ父親もいました。また、うちのように、まったく異なるところにビジネスチャンスがあることに気づいてスタートさせ、勢いづいている企業もあります。

どんな逆境でも、**それを縁と捉え、抗わずに受け止めて、今ある流れにすっと身を任せてみましょう。**すると、状況を見極める冷静さが芽生え、的確な行動がとれますし、次のチャンスまで待つ忍耐力も生まれるのです。さぁ、まずは肩の力を抜いて、そこからスタートしてみましょう。

06

【兎角亀毛】

とかくきもう

不安や苦しみにとらわれた
自分から脱却し、
真価を見極めるための言葉

「妙有《みょうう》」という仏教の言葉があります。妙有とは、言葉だけはあるけれど、実際には存在しないもののことで、実は私たちはこの**実体のない「妙有」に影響を受けて生きています。**

たとえば幽霊を思い浮かべてみてください。幽霊は存在しないのに、怖い怖いと人を震え上がらせます。冷静に考えれば存在しないと誰もがわかっているのに、なかなか冷静に見ることができずに恐怖や不安を感じてしまうのが人間です。「兎角亀毛」はうさぎの角と亀の毛という意味です。もし、うさぎに角があり、亀に毛が生えていたら、誰でも変だ、滑稽だと気づきます。幽霊を恐れることも、同じように滑稽なことだといえます。このように、ないことがわかっているのに、幻想に振り回されている私たちへの戒めの言葉が「兎角亀毛」というわけです。

これだけ科学が発達した現代でも「兎角亀毛」を意識していないと、私たちはすぐに「妙有」に振り回されてしまいます。あなたはきっと、「そんなことはない。私は幽霊のような幻想など信じない」と反論するかもしれませんが、本当にそうでしょうか。

たとえばお金。実はお金は、**現代を代表する最大の妙有です。**あなたはご存じでしょうか。今あなたの財布に入っている1万円札は、1万円と印刷されているただの紙切れです。不換紙幣といって、金や銀など価値変動の少ない貴金属とは交換することができない、ただの紙切れ。日本銀行で印刷された紙なのです。戦後、高度経済成長を遂げた日本政府への国内外からの信用が、今でも保たれているがゆえに、通用しているだけなのです。

ですから、今日本が大震災や戦争に巻き込まれたり、長引く新型コロナウイルス感染騒ぎで経済的に大きく失速したりすれば、たちまち日本円の価値が下がり、たとえばこれまで1ドル＝110円で換金できたものが、1ドル＝360円になるかもしれません。そのように、私たちが信用、いや、信仰しているお金というものは、絶対不動の価値ではなくて、諸行無常の危ういバランスの上に成り立っているのです。

現代人の危うさは、兎角亀毛のごとき幻の「紙幣」という紙を、神のように崇めて信仰しているところにあります。

それが証拠に、お金があると安心し、お金がないと不安になりませんか？　お金を信じる者は救われると思っていませんか？　これを信仰と呼びます。つまり、現代人の多くは、お金教の信者なのです。そうはいってもお金は必要、でも信者となってお金に振り回され続ける人生もゴメンです。そうならないためには、兎角亀毛が妙有であることを見極める必要があります。つまり、お金の正体を見極めるのです。

お金の正体とは、生活に必要なモノやコトを手に入れるための道具です。人類の祖先は、物々交換をして生活していました。海のそばに住む人々は貝や魚などの海の恵みを、山に住む人々は果物や動物の肉など山の恵みを、それぞれ持ち寄ってお互いに欲しいものと交換したのです（交換経済）。その後、食料を持ち歩くのは不便なので、貝殻などを介しての交換が始まり、最終的に貨幣を介しての売買が始まりました（貨幣経済）。そう、**私たちが本当に必要なのは、食料であり、衣類であり、住まいなのです。お金自体はそれらを手に入れる道具にすぎず、**お金を払った先のモノやコトが必要なのです。

しかし、そうはいっても資本主義社会に生きる私たちは、お金から離れることができません。そこで、もうひとつ見極めなければならないことが出てきます。それは、あなた自身です。あなたが本当に必要としているモノは何か。本当に生きようとしている人生はどのような人生なのか。実はそれがわからずにフラフラしていると、あっという間にちまたにあふれる情報に流され、必要のない出費を繰り返し、いつまでたっても通帳に預金が貯まらず、常にお金の不安に苛まれることになります。

家、車、子どもの教育、服、バッグ、シューズ、旅行など、必要最低限から、贅沢オプションまで……。冷静に考えれば、今必要なものは何か、どこに価値を置くかで、出費が大きく変わってきます。**お金がどれだけあっても足りない人もいます。少しでも十分な人もいます。お金にどのように価値を置くかで人生の見え方はいくらでも変わる**のです。

仕事面でもこの「兎角亀毛」を念頭に置いて幻想や妄想を排除できれば、冷静に構えることができて、良い影響が出ることも多くあります。

私は、僧侶になる以前に、整体師をしていたことがあります。自分が交通事故に遭って体を壊したときに体の大切さに気づき、非常に興味を持って勉強したのが整体という分野でした。しかし、整体師になるというだけで周囲は反対しました。食べていくことが難しい職業だから、というのです。

確かに1時間いくらという相場があることは知っていました。その相場ですと、一日に施術できる人数が限られ、収入も限られてしまいます。しかし、私はまったく相場にこだわりませんでした。一度に数人施術し、しかも満足してもらう仕組みを作り、年収1000万～2000万円という実績を作ったのです。現在社長職は辞していますが、整体院はグループ会社のひとつになっています。

相場価格というものは確かにありますが、それは「兎角亀毛」。絶対にそうでなくてはならないものではなく、まさに「妙有」、あるようで実はないものでもあります。整体に限らず、どんなジャンルの仕事でも同じことがいえます。**方法を工夫し、お客さんのニーズに合えば、相場は覆すことができるはずなのです。**

また現代には、お金のほかにも「兎角亀毛」といえる悩みがたくさんあります。「会社の同僚が、仕事ができる人ばかりで自分が取り残されそうで不安です」「このまま この業界にいて、食べていけるのだろうか」「幼児の子育て中なので、近所の人からうるさいと今にも文句がきそう」など、実体のないことで悩み、ときに幻想を抱き、不安を感じている人が多くいます。悩む気持ちはわかりますが、そのような人は「兎角亀毛」という言葉を思い出し、「私の悩みに果たして実体はあるのか？」と、問うてみてください。

実体のない悩みを抱え続けていたら、本当に自分が向かっていくべきところを見失い、夢や目的の実現は遠く、もやもやした悩みだけで実りのない空洞の人生を歩むことになってしまいます。

不安や苦しみも「これは兎角亀毛では？」というフィルターをかけることで、その悩み自体が実は実体がなく、幻のようなものだという的確な判断ができるはずです。

そうすることで実体のない苦しみから脱却できます。いつもこの言葉を心に留めておくことで、幻想に右往左往することなく自分の物差しで真価を見極められるようになるはずです。

07

【一炷香《いっちゅうこう》】

荒れ狂う感情を見つめる時間が
人生への耐久力を装備する

一本のお線香が燃える時間を意味する「一炷香」。お線香が燃え尽きるまでの時間は私にとって、とても特別な時間です。この時間の大切さを私はみなさんにお伝えしたいと思います。

幼い頃、師匠でもある父は非常に怖い存在でした。叱られると、容赦なく本堂の奥にある「開山堂」という部屋に閉じ込められました。そこは、歴代の住職の御位牌と御開山様の仏像が安置してある特別室です。私を閉じ込めるとき、父はお線香を一本立てました。それが燃え尽きるまでそこで反省していろ、というわけです。

無鉄砲でやんちゃだった私は、何度も繰り返しそこに閉じ込められました。真っ暗な中にお線香の赤い点とろうそくの炎だけが見えていて、怖いのと悲しいのと同時に自分だけが閉じ込められたことが悔しくて、最初はぎゃんぎゃん大声で泣き叫びました。しばらくして目が慣れてくると、あちこちから仏様が自分をじっと見ていることに気づき、ぎょっとします。そして、だんだん叫ぶ声が小さくなり、ぶつぶつと言い訳を始めます。「兄ちゃんもやっていたんだ」「妹が最初に手を出したからいけないんだ」などなど。一通り言い訳が終わると、だんだん心が落ち着いてきて、僕もちょっとは悪かったかもしれない、という気持ちが芽生えてきます。お線香の太さや長さによっても異なりますが、燃え尽きるまでの時間はだいたい30分から1時間。許されて「開山堂」を出される頃には、すっかり心が静まりおとなしくなっていました。

幼い頃は嫌でたまらなかったお仕置きタイムでしたが、年齢を重ねるにつれ、辛いこと、苦しいことがあると、自分で率先して本堂に座り、「一炷香」の煙に包まれる時間を過ごすようになりました。すると幼い頃のように、最初は怒りと悲しみに荒れ狂っていた心がだんだんと静まっていき、そこに至るまでの自分の心の経過が見えてくるのです。「あの出来事が起きたときに自分は腹を立てたのだ」「あの一言で悲しくなったんだ」と、**自分の内側に起きたことをたどり、衝動や怒りを冷静に見つめることができるようになり、徐々に心が静まっていくのでした。**

東京で過ごした大学時代も、何かあるたびにオートバイを走らせて、気がつくと、どこかのお寺や神社にたどり着き、吸い込まれるように境内に入って座ったものです。最初は気持ちが高ぶっていても、じーっと自分の内側を見つめる時間を経ると、「なんだかんだあったけど、自分がいけなかったんだな」という結論に至り、明け方自分のアパートに戻る、ということが何度もありました。

衝動に駆られやすい心を持つ私は、幼い頃の「一炷香」の習慣がなければ、どうなっていたでしょう。もしかしたら、感情に任せて何かとんでもないことをして罪人になっていたかもしれません。怒りに駆られてオートバイを猛スピードで走らせ、事故で命を失っていたかもしれません。お線香が燃え尽きるまでそこに座っていろ、と言われて、**荒れ狂う高波や稲妻が少しずつ収まり、やがては穏やかで優しい月の光に包まれる、**そのように心が変化するプロセスを、体にたたき込むように教えられたことが、今となっては大きな財産になっています。

そして、ここが肝心なのですが、そのように自分を見つめる時間を経ると、どんな場合も、怒りをもたらしたのは、他人ではなく、自分の心であったということに気づきます。

人は、**怒りや苦しみや悲しみの衝動で自分自身を汚していると、**お釈迦様は言います。だとするならば、私にとって**「一炷香」は、自分自身の浄化の時間である**ということなのです。

以前はどの家にも仏壇や神棚があり、仏様や神様がもっと身近な存在でしたから、私のように仏様や神様の前に座って、じっと心の内側を見つめ、大きな存在に見守られ、救われていく人も多かったことでしょう。しかし、現代はそのような場所がなくなりつつあります。では、怒り苦しむ心を静めるために現代人はどうしているでしょう？　夜の街に繰り出して、飲酒やカラオケ、あるいは暴食や風俗でさらに自分を汚して紛らわしてしまうことが多いのではないでしょうか。けれど、それは怒りや苦しみの衝動を、刺激によって麻痺させているだけなのです。

刺激を求めれば、もっともっと強い刺激が欲しくなってしまいます。そして気がつけば、中毒になってしまうのです。それよりも、**自分の心の経過をたどることのできる静かな場所を見つけてみましょう。**実はお寺の数は全国に7万以上。コンビニが4万ぐらいですから、コンビニの数より多いのです。**散歩圏内に門の開いたお寺や神社を見つけるのも手です。**

どんな人も、ときに怒り、ときに悲しみ、揺れ動く心の衝動とともに暮らしています。現代は仕事も人間関係も複雑で、精神的ダメージを負ったり、やり場のない怒りを持ち続けている人が少なくありません。

そんなとき、相手を正そうとしてもどうにもならないことが多いので、まずは自分の心の内側で起きていることをきちんと知る必要があります。ひとりになり、怒りに打ち震えている自分、悲しみに打ちひしがれている自分を、じっくり見つめることから始めます。

心に「一炷香」をたくイメージです。

目を閉じて心を静め、心の内側を見つめてみてください。ひとりになれれば、場所はどこでも大丈夫です。心の中で一本のお線香がぽっと火をともし、ゆっくりと減っていく様子を思い浮かべてください。

「あの行動で自分の心は傷つけられてしまった」「この言葉が悲しかった。心が痛かった」とまずは怒りや悲しみがあふれていくままに、じっくりとたどってみます。そして怒りや悲しみのエネルギーがだんだんと落ち着いてきたら、ことの次第を見つめ、冷静に客観的に整理していきましょう。**あたかも、他人事のように自分を見つめる**のです。すると、事件の深層が見えてくるはずです。

冷静になって初めて見える真理があります。

あなたは**「自分が苦しめられている」と思い込んでいる自分自身に苦しめられている**という真理です。つまり、あなたを苦しめているのは、あなた自身。あなたの中にある自分勝手な怒りの衝動や恨み妬みの気持ちであって、誰かがリモコンでコントロールしているわけではありません。あなたがそこに気づいて立ち直ることで、ほっとできるのも自分。すべては自分の心の中だけで起きていることなのです。気持ちを切り替え、静かに自分の内側を見つめれば、心がすーっと浄化されていくのがわかるでしょう。

「誰かに傷つけられた」と**とらわれる心を捨てれば、やがて負の感情から解放され、心が軽くなります。**

負の感情に流されそうになったら、**心の中に一本のお線香をたきましょう。**その香りをイメージしつつ、自分の内面を見つめるのです。ひとつ荒波を越えたら、また次の波がやってくる……人生はその繰り返しかもしれません。荒波を乗り切る術《すべ》と余裕を身につけることが、あなたを揺れに強い人に変えていきます。

08

【泥中の蓮】

でいちゅうのはす

理不尽なことを見逃さず
自分を凛と咲く花に育てよう

私が受ける悩み相談のなかで、相談数が多いにもかかわらず、回答するたびに「これは難しいな」と感じる問題があります。それは組織の中での「大人のいじめ」です。当事者は、どうしたらいいのか、途方に暮れることでしょう。しかし、なんとか頑張っていただきたいのです。そんな人に、私が届けたい言葉が「泥中の蓮」という禅語です。

蓮の花は、泥の中から出てきて、まったく汚れのない姿で咲きます。私はこの言葉を、周囲が泥のように汚れていても、**清らかなままでいられる人、泥の中でもしっかり根を張り、美しい花を咲かせることができる人、**と解釈しています。

最近寄せられた悩みはとても深刻なものでした。

相談者は、ある介護施設で働いている職員さんです。入所者へのいじめや金銭の使途の不正が起きていることに心を痛め、なんとかしたいと上司に報告しているうちに、今度は自分に対するいじめやプレッシャーが生じるようになってしまったというのです。黙ってそこを去ることもできます。しかし、家族を養っているのでどうしたらいいでしょうか、と途方に暮れていました。

私にとって介護施設は深く印象に残っている場所です。もう40年近く前のことですが、祖母が認知症になり、徘徊や火付けをするようになってしまったために、両親は、祖母を介護施設に入れなければなりませんでした。両親にとっては、子どもがまだ小さかったうえに幼稚園を開園したばかりで多忙を極めたなかでの辛い選択でした。今は決してやってはいけないのですが、当時は祖母がベッドに縛り付けられている場面もあり、子ども心に、なんとも可哀想だなと思ったことが記憶に残っています。そんな経験からわかるのですが、介護施設は、人手不足や資金不足などで大変な現場です。介護士が入所者を押さえつけて、それ以上危ないことにならないようにしないといけない場面もあります。介護中のとっさの処置と虐待はグレーゾーンです。ですから、相談者も、証明が難しいこともあるでしょう。

私は回答に窮しました。家族のある身ですから、正義を貫くか、今の生活を続けるかの板挟みです。自分だったらどうするか、と考えました。

そして、出た結論が、私なら「泥中の蓮」でいたい、というものでした。

難しいけれど、見て見ぬふりはできません。もしもスルーしてしまったら、一生後悔を背負い、その人は幸せでいることができないかもしれません。今の状況をおかしいと思っている人がほかにもいるはずですから、そういう人を見つけて、じっくり話してみてほしいのです。**同じ思いを持つ仲間を増やしていきましょう。**ひとりで闘うのは難しくても、仲間がいれば闘えるはずなのです。ＳＮＳなどの発信手段も、しっかり勉強して取り組めば有効です。周囲のみんなが、いじめを見て見ぬふりして、不正を正そうとする意識がなければ、それ以上その施設にとどまる理由はないと思います。そのときに去る、そんなつもりで頑張ってみてはどうでしょうか、と私は回答しました。

その方だけではありません。大企業や政治の世界からも、組織の中でパワハラを受けていたり、板挟みになったりしている方の悩みがたくさん届いています。

すべての人が「長いものに巻かれろ」と考え、歪んだ権力を正すことをしなければ、この世界は救いようがなくなってしまうでしょう。そんなひどい世界になってしまったら、反抗する人が権力の力で殺されて闇に葬られたり、どうすることもできずに自殺に追い込まれるなどしても、家族は声を上げられません。そのような世界にしないよう、

同じ思いを持つ仲間をつくりながら、一緒に声を上げていってほしいのです。

私自身、伝統仏教の大宗派を離れ、独自の宗派を打ち立てた異端児です。ですから、いろいろな板挟みやバッシングも嫌になるほど経験しています。

しかし、どこにどのように所属していようと、僧侶として、住職として、自分の成すべきこと、果たすべき役割を真摯に成し遂げたいと考えています。そのために、学ぶべきことを学び、修めるべきことを修め、成すべきことを成す覚悟と実践を離れることは

ありません。だから弟子たちも、人々もついてきてくれるのだと思います。

そんな私の体験からいえることは、組織や権力に物申すためには、勇気だけでは足りないということ。蓮の花は美しく、花に注目が集まりますが、実はその根はとてもしっかりしています。だから周囲と闘うことになっても、倒れずにいられるのです。自分を貫いて立ち上がるには、水面下にきっちり根を張ることが必要です。**きちんと勉強し、きちんと行動し、誠実で前向きな姿勢を忘れてはなりません。**そうすることで初めて、ついてきてくれる仲間が集まるのです。

世の中には2種類の人しかいません。問題を誰かのせいにして嘆き続ける人と、自ら問題を見つけ、解決しようとする人です。

もしも周囲で理不尽なことがあっても、見て見ぬふりをする人にはならないでください。どうか問題と真摯に向き合い、泥中にあっても凛とした花を咲かせてください。

09

【現成公案】

げんじょうこうあん

今ある苦しみを拒まず
ありのままに受け入れることで
人生は再び輝きだす

曹洞宗の開祖・道元禅師による膨大な著書『正法眼蔵《しょうぼうげんぞう》』の中に「現成公案の巻」というものがあります。現成公案とは、自然界にあるものすべてをありのままに受け入れること、そのことがすなわち悟りにつながるという意味の、禅の根幹を表す言葉です。**たとえ苦しみがやってきたとしても、自分はそれを受け入れるだけの度量の大きさがあると思って受け入れていく、**という苦しみとの向き合い方を説いた言葉でもあります。

私はこの道元禅師の含蓄ある言葉を、自分自身をありのままに受け入れることができずに悩む人々に届けたいと思います。

自分を観察していくと、その容姿から性格に至るまで、気になることや気に入らないことばかりが目につきます。「自分はこうあるべき」という理想があれば、足りない部分があるのは当たり前で、多くの悩みや苦しみが、現状を否定することから発せられていくのです。

たとえば、こんな悩みが寄せられています。

「太っている」と好きな人に言われて引きこもりがちになってしまった10代の女の子。自分の顔が気に入らなくて、一度整形手術をしたら、最初に気づかなかった部分が目についてしまい、何度も整形手術を繰り返しているという20代の女性。見た目の容姿はその人の構成要素のひとつですが、器量の良し悪しを測る物差しはひとつではありませんし、**湧き出る自信や素直さなど、内面に宿すもので見た目の印象はどんどん変わる**ものです。

また、夫婦の間に子どもを授かることができなくて、苦しい妊活に耐えているけれど、夫婦仲に亀裂が入ってしまったという40代の女性。一方では子どもがひとり生まれた後、なかなかふたり目を授かることができなくて、精神的に追い詰められてしまった30代の主婦の方も。子宝に恵まれた家族を見ると、うらやましくなってしまう気持ちは理解できます。しかし、そこにとらわれてしまい、苦しめば、**周囲の人々も同時に苦しめ、もっと自分を苦しめることになります。**

私自身、寺に生まれた「現成」を否定しまくってきた人生の前半戦でしたから、すんなりとありのままの現成を受け入れられない人の気持ちは本当によくわかります。しかし、悩んで解決するならともかく、多くの場合は、天から与えられた現成を受容していくしかないことが多いのです。ですから、自分に行き詰まったときは「現成公案」という言葉を思い出して、**良いことも悪いことも、ありのままに受け入れてみることです。**

ないものをねだるのではなく、すでにあるものに気づく、そして受け入れる。そこからすべてが始まります。

福厳寺の会員さんの中にも、代々続く酒蔵、造園、皮革加工工場、工務店など、時代の移り変わりの中で、落ちぶれた家業や親に反発し、家業を継ぐか、別の仕事をするかと進むべき進路に悩み苦しんでいる、二代目、三代目の方々がおられます。そのような方からアドバイスを求められるたびに言うことがあります。

「広い視野を持って社会を眺めたとき、元気に活躍している会社がありますか。世の中に、あなたの会社よりうまく事業を盛り上げている社長はいますか。もしあるならば、あなたにもできることがあるはずです。ないものに目を向けるのではなく、あるものに気づいて受け入れる。先にやることが決まっているのなら、それをやればいい。けれどもそれがないのなら、あるものを受け入れるところからスタートしてみてください」

このアドバイスは何も事業に限ったことではありません。あなた自身にも同じことがいえます。あなたがすでに持っている、あなたのような容姿、あなたのような学歴、あなたのような性格であっても、世の中で堂々と生きて、活躍している人はいませんか。

もしそのような人がいるのなら、あなたも、自分はダメだ、自分にはできないことだらけだと気後れすることなく、**自分がすでに持っているものを強みとして昇華し、前向きに行動することで、新しい楽しみや自分の居場所を見いだし、結果として幸せを見つけていくことができる**のです。

新しい楽しみや新しい居場所には、あなたが知らない未知のストーリーが眠っています。どんなことが待ち受けているのか、どんな人と出会えるのか、どうかわくわくする気持ちを持ってそこに身を置いてほしいのです。

人生を長い目で見たとき、マイナス面ばかりを見て自分を否定し続けていると、気持ちが沈んで、新しく訪れるチャンスにも飛び込めず、何も変わらないどころか、損をしてしまいます。あなたには、置かれた「現成」を受け入れる度量が十分にあると自信を持ち、自分の道を切り拓いていってください。そうすることで、新しい自分に出会え、あなた自身のユニークな物語を歩むことができるはずです。

10

【自由】

じゆう

生きづらさの原因は
すべて自分の中にある。
本当の自由を手に入れるヒント

「自由」は、もともと仏教の言葉です。

自由とはすでに得たものに縛られないこと。
自由とは他に由《よ》らず、自らに由ること。

「自由」とは、勝手気ままにやりたい放題やる、ということではなく、「これまで得てきたお金やもの、神や他人といった自分の外にあるものに由るのではなく、自分の内側に由れる自分を育てなさい」というお釈迦様の教えです。

社会生活のさまざまな場面で、生きづらさを感じている人が多い現代に、仏教の「自由」という言葉が、大切な光となる、と私は信じています。

20代の女性からこんな悩みが寄せられました。

「小学校、中学校時代にずっといじめられていて、大人になった今でも私は自信を持って行動することができません。またいじめられるのではないかと、どうしてもビクビクしてしまいます」

私のところに届けられる大量の悩み相談を読んでいると、彼女と同様、幼い頃の経験がトラウマになっている人が少なくないと感じています。自分を客観視したり、俯瞰して見ることができない幼心にとって、いじめは本当に辛かったことでしょう。とても気の毒だと思います。

私たちの心がストレスを感じている状態というのは、ゴムボールがぎゅうっと押されている状態と同じです。ぱっと手を離せば圧力で変形したボールは元に戻るのが普通ですが、ずっと押され続けていると、空気が抜けて元に戻らなくなってしまうことがあります。この女性の心も、いじめられ、苦しい思いが続き、心が元に戻らなくなってしまっている状態といえます。

けれど、よく考えてみてください。もしあなたが、この女性と同じように、昔いじめられていたとして、あなたをいじめていた人はもう今はいません。ボールを押し続けている人はいません。もしいるとしたら、**それはあなたの記憶の中にだけいる**のです。もし、いじめっ子に道で出会ったとしても、相手も変わっていて、もういじめっ子から卒業していることでしょう。それどころか、あんなに苦しめていたにもかかわらず、すでにいじめていたことすら忘れているかもしれないのです。今現在、いじめは、あなたの心の中にだけあり、ほかにはどこを探してもありません。**いじめられっ子というレッテルはあなたが自分に貼っているにすぎないのです。**

自分で自分を苦しめていることに気づいて、過去の自分から離れ、堂々と明るく今を生きてください。いじめられるかもしれないとおどおどしていることが、また別のいじめを呼び寄せてしまう可能性があるからです。

お釈迦様は、人々がどうしたら苦しみを手放すことができるかということを探求し、苦しみの原因と苦しみを手放す方法を発見されました。苦しみはすべて自分の中にあるのだから、それに執着せずに手放してごらん、というのです。相談者がいじめられたという思いを手放せないこと、これも一種の執着です。**自分の内側で起きている現象を見つめ、自分自身をその執着から解き放つこと、これが「自由」です。**

職場の人間関係に悩み続けている人も、学歴のせいでステップアップできないともがく人も、差別を経験している人も、とても苦しいでしょう。でも、いたずらに苦しみ続けてはいけません。時間とエネルギーがもったいないと思います。

生きづらさを感じたら、まずは、何かしらの原因が自分の心の中にないか、確かめてください。過去の出来事を引きずり続けていたり、まだ来ぬ未来にとらわれ続けているあなたが、裁判官のようにあなた自身を裁き、苦しめていることに気づくはずです。そこに気づくことができたならば、裁判官を退散させ、自分の心の持ちようを変えていくことです。

簡単ではないかもしれませんが、必ず実行できます。**真剣に自分と向き合い、苦しみの原因を突き止めたうえで、自分自身を解き放つのです。今日までの自分と決別し、明日からの自分を思い描き、生まれ変わったつもりで新たな人生の一歩を踏み出すことです。**

すべては自分次第、自分に由ることでだけ、自由を手にすることができるのです。それが仏教でいう「自由」の語源です。

過去や未来にとらわれず、今成すべきことを成し、今日をたくましく生きぬこうとするあなたはもう、自由なのです。

2章

自分を強く進化させる言葉

【知足】

ちそく

自分の内にある武器に気づくと
最強の人生へダイブできる

知足＝「足るを知る」という言葉は、「欲張りすぎず〝足るを知る〟人」というように、一般的に広く使われています。でもこの言葉、実はお釈迦様の根本的な教えを伝えている、とても重要な禅語です。

仏教では人間には五つの欲＝五欲《ごよく》があると教えています。

「色《しき》」「声《しょう》」「香《こう》」「味《み》」「触《そく》」。これらは、人間の5つの感覚器官を刺激して5つの欲を起こさせます。「色」はモノが欲しいという欲、「声」はいい音を聞きたいという欲、「香」はいい香りを嗅ぎたいという欲、「味」は食べて味わいたいという欲、「触」は気持ちのいいものに触れたいという欲です。

本来、子孫を残し、外敵から身を守り、命をつないでいくために必要なのがこの五欲です。動物も五欲を持っています。けれども人間と動物では五欲への執着の仕方が違います。たとえば、「味」でいえば、動物はお腹がすいても、食べてお腹がいっぱいになればそれで満足して、それ以上は欲しがりません。

しかし、人間は脳を発達させたことで、もっと美しく、もっとおいしく、もっと心地よく、と快楽を追求しました。そんな欲望追求の結果、生まれてきたのが文化です。

たとえば「声」。動物の鳴き声や自然の音を模倣しようとして楽器ができ、楽器のすごい作り手が出てきて、コンクールで優勝する弾き手が出てきて、とびきり音響のいいホールもできて……と際限なく「もっと」が追求されてきました。

「味」でいえば、おいしいものを食べたい気持ちを多くの人が持っています。デパ地下で目に入ってくるもの、インスタで誰かがアップしているはやりの料理は、すぐにでも味わってみたいとなる。食べてみたい、味わいたい欲求は、とどまるところを知りません。

人間の欲をさらに増長させているのが、現代の資本主義社会ともいえます。消費者はお金があれば、どんな欲も満たすことができ、また、企業はお金を得るためにあらゆる商品やサービスを開発して欲を刺激するのですから、**知足の実践が難しい時代**といえるでしょう。

『大愚和尚の一問一答』には、どれだけ欲しいものを手に入れても満足できず、限度額以上にカードを使ってしまう、という買い物依存症の女性の悩みも見受けられます。

また、今、いちばん問題なのが、人とつながりたい欲、あるいは発信欲、人から認知されたい欲を刺激するスマートフォンの存在です。スマホには、365日、24時間つながることができる、刺激的なサービスがちりばめられています。未成年者がスマホの使いすぎで腱鞘炎になったり、どうしても手放すことができない依存症にかかってしまうなど、さまざまな問題が取り沙汰されています。

本来、生きるための五欲だったはずが、いつの間にか逆転して、今や欲を満たすために生きている、といっても過言ではありません。しかもその欲は、お釈迦様の時代から見たら驚くほどに強大になり、この世界を闊歩するモンスターのようです。

そんな巨大化した欲望を前に、依存症一歩手前の私たちが「足るを知る」には、どうしたらいいのでしょうか。

そのために大切なことは、**冷静に自分の内面を見つめ、心を整える**ことです。「隣の芝生は青い」という言葉があります。何でも隣にあるものが良く見えるという意味です。

私たちは、スマホやテレビの影響で、自分が持っていないものをうらやましく思いがちですが、いったんその思い込みから離れ、**自分にとって必要なものを見極め、自分がすでに持っているものを知る**ことが大切です。それが本来の「知足」という行為なのだと私は考えています。

自分の生活を見つめて要不要を見極める、それを私はわかりやすく、**「心の整理整頓」**と呼んでいます。整理とは、不要なものを見つけて捨てること、整頓とは、必要なものを元の位置に戻すことです。

そしてこの整理整頓という考え方は、「モノ」に限ったことではなく、「人生」や「生き方」に迷ったとき、行き詰まったときに大きな力を与えてくれます。

自分を取り囲む人間関係、仕事関係、家庭など暮らし全般を俯瞰してみて、これはしなくていい、後回しにしようなどと消去できるものを見極めます。すると自ずと大切なことが見えてくるのです。それが心の整頓です。自分自身の「棚卸し」ともいえます。

この整理整頓という行為はまさに「禅」です。余計なものを極限まで削ぎ落とすことによって、ものごとの本質を見極めようとする姿勢、それが禅です。禅とは、実は、とても繊細で有意義な心のコントロール法なのです。

子どもの頃、私は自分がお寺の子として生まれたことが嫌で仕方がありませんでした。3歳で経本を持たされ、5歳で法事や葬儀に連れていかれました。厳しい師匠、堅苦しい伝統やしきたり……。将来、僧侶にだけはなりたくない、と反発して育ちました。そして、自分が知らない遠い世界にこそ可能性があると信じ、海外を旅して歩きました。

しかしどこへ行っても、私が寺の子と知った人々は「ぜひとも禅の話を聞かせてほしい」と、興味津々に目を輝かせるのでした。

起業してからも、講演などで経営者の前でお話をする機会があると、寺の話、師匠の話のところでみなさんが一斉にメモをとる。

そんな体験を経て自分の内側を見つめたとき、ないものねだりをするのではなく、幼少期から師匠に刷り込まれてきた禅的思考や、お寺という特殊な環境で育った経験こそが、私が持っているものの中で、最高で最強の価値（資産）なのだと気づいたのです。

冷静に内面を見つめることは、自分にしかできません。もしも、人生に迷ったり、生活に行き詰まったときには、ぜひ、自分の心の整理整頓をしてみてください。

「知足」は、**自分の中にある宝物に気づかせ、最強の自分、満ち足りた人生に導く教え**なのです。

12

【可能性】

かのうせい

「知らない」からこそ知ろうとする探究心が
無限の可能性を秘めた一歩になる

会話の中に自分の知らないことが出てくると、恥ずかしいと感じる人が多いのではないでしょうか。知っている人は偉く見え、知らない自分は置いてきぼりのような気持ちになります。しかし私は、知っている人より、知らない人のほうが、**見る目、聞く耳を最大限に使って知ろうとするので、断然、新たな可能性を持っている**と思います。この**謙虚で素直な姿勢が、その人の伸びしろを無限大にする**からです。

「すみません、私、そのことを知らないんです。教えていただけますか?」と問えば、大抵の人が懇切丁寧に教えてくれるでしょう。聞く耳を持つ人は、友人や会社の上司など、周囲の人たちに好印象を持たれます。

一方、話題になっている事柄について「自分はすでに知っている」と思い込んで、質問しなければ、その話題は素通りされ、流れていきます。それほど深く知らなくても、無難に話が進むので、掘り下げる機会をなくしてしまい、残念ながらそこから新しい可能性は生まれません。

私も事業をしているのでわかるのですが、この情報化社会で取り残されるのは、古い情報や曖昧な情報しか知らないのに知っていると思い込んでいる人です。知っていると思っていることも実はどんどん変化をしています。自分は話題に追いついていないと思えば、どんどんアップデートしていくはずですが、知っていると思い込み、そこで吸収することをストップしてしまっている人が多いのです。

「知っていることは可能性ではない、知らないことこそ可能性と知れ」

これは私がいつも指標にしている大愚オリジナルの禅語です。

福厳寺では、毎朝、朝課とよばれるおつとめを行っています。山内の人々が一堂に集まり、導師が儀式を先導します。こうして複数の僧侶が集まって儀式を行うときには、住職や位の高い僧侶が導師を務めるのが普通です。また、儀式のときの立ち位置にも、上位、下位があり、それぞれの位によって立ち位置が決まります。しかし私の福厳寺では、導師は交代制、立ち位置もあえて固定していません。もちろん、もっと大きな儀式では配役や立ち位置の序列も大切です。しかし、毎朝のおつとめでは、弟子が上座に入ることもありますし、末席ともいえるいちばん端に住職が入ることもあります。

というのも、**どこに立つかによって目に見える景色が全然違う**からなのです。その立場に立たないと見えない風景、その役割を担ってみないと理解できない状況、その状況に置かれないとわからない感覚というものがあって、それらを満遍なく知ることによって、同じ時間、同じ空間を共有しながらも、自分がまったく知らなかった世界があることが体でわかるのです。

この方法は、企業やお店にも応用できます。お店などの接客では、上司から「お客様の立場に立って働いてください」とよく言われますが、お客様の気持ちを知ることは実はとても難しいことです。本当は知らないのに、なんとなく想像して知っているような気持ちになっている人も多いと思います。

私があるお店の講習会で講師をしたときのことです。

お客様の立場に立つという実践として、スタッフのみなさん全員に、客席のすべてに代わる代わる座ってもらうことにしました。そこに座ると何が見えるか、どんな気持ちになるのかがわかり、冷房の当たり方が違うことにも気づきます。そうやって、実際に体験してみることによって初めてお客様の気持ちを知ることができるのです。

世の中には、知っているつもりで、知らないことがたくさんあります。それでいて、知らなくていいことをたくさん知っていて、知らなければならないことをまったく知らなかったりするのです。そしてその、**知るべきだけれども知らないことは、意外にも自分の身近にあって、いつも接していて、当たり前に知り尽くしていると思**

っているとこの中にあったりします。

「灯台下暗し」という言葉の通り、知っているつもりで、知らない、けれども知らなければならないこと、それを知り、改善するだけで、店舗の売り上げが伸びるのです。

なんとなく知っているから大丈夫という思い込みを捨て、知らないことは知らないと認める謙虚な気持ちが、あなたの探究心を刺激し、可能性を広げます。

世界を変えるのは、「若者、よそ者、ばか者」という言葉があります。その三者がなぜ、世界を変えることができるのかというと、既存の世界、既成の世界を知らない、あるいは、そこにとらわれていないからです。知らないがゆえに、「知りたい」と思い、ありきたりな道理や方法論を振りかざさないからなのです。

自分についても同じです。自分のことが本当によくわかっていたら、世の中を上手にスルスルと渡っていけます。それが、知ってるつもりで、実のところ知らないからこそ、自分をうまく取り扱えずに、あちこちで衝突するのです。

「私はこういう人だから」「私はこれが苦手だから」と、自分のことをカテゴリーでくくりたがる人が多いように感じますが、実はあなたは、自分のこともあまり知らないのです。

よくよく観察すれば、こういうことが苦手だと思っていたけれど、別の角度からアプローチしたらそうでもないことが判明したり、意外な得意技を見つけたり。**「私ってどういう人だろう」と思った途端に、あなた自身に無限の可能性が生まれます。**そのうち、自分が知らない自分を発見することがとても楽しくなるはずです。

知っている、と思ったらそこで終わりです。**知っていることに未来はありません。知らないことが可能性なのです。**新しいことはもちろんですが、すでに知っていることですら、知らないと思って、さらに知ろうとする素直さと柔軟性。その姿勢が自分を磨くパワーになり、自分を進化させてくれるのです。

年を重ねても、「問い」を忘れないでください。いくつになっても知ったかぶりをせず、「なぜ、どうして」と子どものように質問してみてください。そうすれば、誰もが喜んであなたの質問に答え、あなたに未知の「可能性」を開いてくれるはずです。

13

【喫茶去】

きっさこ

どんな人とも分け隔てなく向き合う心が、
相手の内面を見抜くスキルにつながる

中国唐代の名僧・趙州《じょうしゅう》禅師は、訪ねてきた修行僧たちに「お茶を飲んでいきなさい」とおっしゃいました。そんな話に由来するのが禅語の「喫茶去」です。喫茶去は、「お茶を飲んでいきなさい」という意味で、「去」は意味を強める中国語の助詞です。なぜ単なる「お茶を飲んでいきなさい」という言葉が禅語なのか、すぐにはピンとこないかもしれません。

趙州禅師は、教えを乞うために訪ねてきた僧にこう言いました。「以前、あなたはここにいらしたことはありますか?」。僧が「いいえ、ございません」と言うと、「そうですか、お茶を飲んでいきなさい」とおっしゃった。また別のお坊さんがやってきたので同じように「以前、ここにいらっしゃいましたか?」と尋ねました。「はい、以前もまいりました」と聞いて、「お茶を飲んでいきなさい」とおっしゃった。

お弟子さんはいつもお茶を勧める名僧の姿を見ていて、これは何か意味があるのだろうと、考えるわけです。その根底に流れるものは何か、と。そこで、お客さんとして来られた人が偉い人であろうが、一介の修行僧であろうが、お年寄りであろうが若かろうが、裕福であろうが貧乏であろうが、来た人によって一切態度を変えていないということに気づくのです。趙州禅師はどんな人にもさらりとお茶を勧めている、と。

これは簡単なようでいて、実はとても難しいことなのです。ストレス社会の中で、イライラが溜まり、少しでも自分より弱い立場の者を差別したり、あるいは肩書や持ち物によってレッテルを貼ったりランクづけしがちな、すべての現代人に知ってほしい禅語です。

私が子どもの頃、こんなことがありました。兄と遊んでいたら、お勝手から母が誰かを叱る声が聞こえてきました。叱られるのは大抵、兄か自分でしたから、はっと耳を澄ませ、そっと物陰から覗くと、果物ナイフを持った男が母に叱られています。

「働かずにお金をもらえるなんてそんな都合のいいこと、この世の中にないわよ!」と母。身長147センチの小柄な母に叱られて下を向く男性の姿がありました。

結局その男性は境内の草取りをして、私たちと一緒にそうめんの昼ごはんを済ませ、お土産までもらって帰っていきました。禅寺に入ったのがこの泥棒の運の尽き。母は喫茶去の禅語を知らなかったと思いますが、泥棒というレッテルに惑わされず、相手を人として見て、この人にも事情があるのだと思いやったのでしょう。母はそのように、人をまったく差別しない、まさに喫茶去という言葉がぴったりの人なのです。

先日、スマートフォンの更新で携帯ショップに出かけたときのこと。隣のブースのお客さんの威張り散らす声が店内に響き、その場にいるみんなが凍りつきました。そのまた隣のブースでは品のいいおばさまが、ドスの利いた声で「まだなの？」と言っています。携帯ショップはお客さんも多く、待ち時間が長いのは確かです。しかし、なぜそんなに威張らなくてはならないのでしょう。

場面が変われば、その威張っている人たちが今度は逆の立場の店員さんになり、表情や態度を変えてお客さんに対してヘコヘコとかしずく。

いつからなのか、お金を払うほうが神様、受け取るほうは下僕。そういう態度を多くの日本人が無意識のうちに使い分けるようになりました。100円ショップで100円しか払わないのに、クレームとなると暴走して止まらない。数百円のパンを買うときも、コーヒーを飲むときも同じ。そんな親を見て育つ子どもは、レストランで無意識のうちに「お茶！」と言い捨てるようになってしまいます。

何の疑問もなく、「お金を持っている人が偉い」「お客は威張っていい」と思ってしまっていることに違和感を持たなくてはいけません。

人間対人間として接して、普通に「ありがとうございました」「ごちそうさま」でいい。お金をもらう側も、お客さんの欲しいものをきちんと提供しているのだ、というプライドを持って人と接するスタンスでいたいものです。そして、自分がお金を出す立場になっても威張らない。

今こそ、**誰に対しても「お茶を飲んでいきなさい」と言う喫茶去の精神が必要**なのです。

喫茶去という禅語を私なりに深読みすると、**趙州禅師のように分け隔てなく他人と向き合うことは、実は相手が身につけている付属物に引きずられることなく、相手の本質を見抜く力を持つことである**と思っています。

人は見た目だけではわからないことがたくさんあります。

これは住職としての経験から知り得たことですが、袈裟《けさ》を着て仏事に出かけますと、みなさん、家の奥まで上げてくださいます。5歳からそのような経験をしていると、自然と、人の内面を見る習慣ができてきます。お金持ちでとても愛想がいい家族でも、中に入ってみるとみんながよそよそしく、遺産のことでギスギスしている家もありました。そんな家は幼い私にも二度と敷居を跨ぎたくないと思わせました。一方、貧しいお宅のお葬式でも、お焼香の人が絶えず、温かな人と人とのやりとりがある。そんな家にはもう一度行きたい、あそこのおばさんにまた会いたいな、と思えたものです。

そういった経験をしてきたので、**私は、肩書や持ち物を、相手の方を測る尺度にしたことはありません。**というのも、私が幼い頃から見てきたように、**相手の人柄と、その人の外観とはまったく関係がないということがわかったからです。**

趙州禅師は、「あなたはかつてここへ来たことがありますか?」「お茶を飲んでいきなさい」というシンプルなやりとりの中から相手がどのような人なのかを見抜きました。たとえばその人は誠意ある人なのか、まだ物事を見極められなくても精いっぱい頑張ろうとする人なのか、ずる賢いところのある人なのか……というような、**人としてのあり方を目線や雰囲気から即座に感じ取ることができたのです。**しかし、だからといって、そのことで相手に対する態度を変えたりはしません。平然とお茶を出しました。

相手が富裕であろうが貧乏であろうが、老いていようが若かろうが、まったく差別や区別をせず、自分の態度を変えない日常の積み重ねがあればこそ、人間を見抜く力が授かるのです。

YouTubeの『大愚和尚の一問一答』に、経営者の方から、相手を信じて重用したのに騙された、という悩みが絶えません。その方はそもそも相手をきちんと見抜けていたのでしょうか。

相手が誠意ある人間か否かといった本質を見抜き、誰にも騙されない自分になるには、まずは「喫茶去」の精神を身につけることです。つまり、自分が日頃から相手を差別していないか、人を平等に見る目を持っているかを問うことです。

そのバロメーターは、いろいろな場面にあります。たとえば、**レストランに行って長時間待たされたとき、あなたは平然としていられるでしょうか。**何か事情あってのことと相手の立場に立つことができるでしょうか。そんなところから「喫茶去」の実践を始めてみてはいかがでしょう。

分け隔てなく他人と接していれば、その人がどんな名刺を持っていようが、どんな車に乗っていようが、即座にスーツや靴、コロンを取り除き、外観やレッテルに惑わされず、人の本質を見抜く力が身につくはずです。

14

【戒語《かいご》】

ときには後ろを振り返ると
さらに前へ進む推進力になる

仏教に「戒」というものがあります。これはやってはいけないと**自分を戒める自分のルール**のことです。会社や自室の壁に「目標」を掲げて貼る人は多いのですが、「戒」を貼る人はあまりいません。そこで私は、自らに対する「戒」を「戒語」として掲げてみるといいと思うのです。

目標を掲げる「標語」は、愛や希望に満ちた言葉ですから、目に入ると心が沸き立ちます。**「戒語」は心の深いところへの問いかけですから、目に入った途端に心が静まります。**

目標と戒めは、いわばアクセルとブレーキのようなものです。アクセルだけでは、ぶつかってしまう危険があるので、適切にブレーキを踏むことで、よりスムーズに前進できるのです。同じように、自戒を言葉にした「戒語」を常に心に留めておくことで、目標にもより近づくことができます。

この「戒語」を掲げる行為のヒントをくださったのは、私が尊敬してやまない禅僧の大愚良寛さんです。良寛さんは寺を持たず、故郷である越後の「五合庵」というあばら屋に住み、托鉢を頼りに生涯を終えた人です。托鉢で出歩く際などに町で見かけた、人々の目に余る行為を、自分への「戒語」として庵に掲げていたといいます。

「こころあさくおもはるるは（心が浅いと思う行為は）
ひとをおだてなぐさむ（わざとおだてて裏でばかにする）」
「しもべをつかふにことばのあらけなき（使用人に口汚くものを言う人）」

良寛さんは説教くさいことが嫌いで、人に対してこうするべきである、というようなことは一切言いませんでした。ただ、自分への戒めとして、戒語をたくさん書き残していました。「心浅い人になってしまわないように、人をおだてておいて、裏でばかにするようなことは、よくしてしまいがちだけど、いけないな」「使用人だからといって、ぞんざいな口のきき方をすると、恥ずかしいなぁ」という具合です。とても謙虚です。
彼は特に、人と人との関係を注視し、卑怯なことをしたり、上下関係をひけらかしたりすることを嫌いました。人々が心豊かに、寄り添って暮らすことを願っていた人なのだということがよくわかります。

私も良寛さんに倣って、ノートに自己反省の「戒語」を書くようにしています。そしてお風呂上がりなど、ふとしたときにノートを開きます。人に言われると腹が立つことも、自分が自分に課しているのですから、「戒語」のひとつひとつが静かに心にしみ入り、反省を促し、それが大きな学びになっています。

ＹｏｕＴｕｂｅの『大愚和尚の一問一答』も、悩み相談の形をとっていますが、実は自分への「戒語」でもあります。悩みに対して答えるときに、先の高僧たちの禅語を紐解き、反芻し、自らの血や肉とさせていただいています。相談者への処方箋（アドバイス）という形をとりながら、実は自分自身への戒めとしても言葉を伝えているのです。そのたびに背筋が伸び、改めて自分を振り返る、とても良い機会をいただいていると思っています。

もし、あなたが部屋の北側に標語を貼るのであれば、南側にはぜひ戒語を掲げてみてください。その日見かけた忌むべきこと、心に浮かんだ自分への戒めをノートに列挙するのもいいでしょう。その際、決して悪口や愚痴にならないよう、良寛さんのように、「自分はそうならないようにしよう」と、自分のこととして取り入れてください。

そんな過去の自分からの謙虚なメッセージは、自己反省を促し、必ず、あなたを成長させてくれます。そしてそれは目標への近道でもあるはずです。

15

【莫妄想《まくもうぞう》】

流されず、冷静に、
今やるべきことを見極める

無業《むごう》（760~821年）という和尚様は、「無業の一生、莫妄想」とおっしゃって、何を聞かれても、「莫妄想、莫妄想」と返し、自分自身にも「莫妄想」と唱えた人だったそうです。この禅語は、「妄想するなかれ」というシンプルな意味ですが、実は自分の脳内を自律し、コントロールしていく、非常に合理的で重要な言葉です。

新型コロナウイルス感染症が世界中を震撼させ、SNSが誹謗中傷の道具になるなど、さまざまな問題が起き、漠然とした不安が湧き起こる現代には、特に不可欠な言葉です。

誰もが、自分は妄想とは無縁だと思っているかもしれません。けれども、年頃の女の子の親だとして、子どもが夜遅くなっても帰宅しなかったらどうでしょう。たちまち妄想が広がり、いてもたってもいられなくなるのではないでしょうか。

これは罪のない妄想といえますが、**妄想は、不安や恐れで心が波打っているときに、どんな人の心にも必ず湧き起こってくるものなのです。**そして、人に行動を促します。知らず知らずのうちに、衝動的な行動を起こさせる恐ろしい火種になるのです。

妄想が起こる原因は、その人の心の中に巣食う「貪瞋痴《とんじんち》」という三毒《さんどく》です。

「貪」は心に自然と湧き起こる欲。「瞋」は怒り。「痴」は怠け心と無智のこと。この三毒は人々から冷静さを奪います。

妄想を防ぐためには、この「貪瞋痴」から離れ、実体を見ること、真実を見極めることです。しかし、それはそんなに簡単にはいきません。

現代は、ありとあらゆる企業が、私たちの頭の中の情報空間の取り合いをしています。自分たちの商品やサービスでどれだけ私たちの時間を奪うことができるか、躍起になっています。そしてそれらの企業によって仕掛けられた誘導は、「貪瞋痴」の感情を繰り返し刺激して、徐々に人々を妄想の世界へ巻き込んでいくのです。

化粧品の広告は、化粧品を買ってもらうために、女性はいつまでも美しくなくてはならない、という気持ちを植え付けます。就職斡旋企業なら、「私の年収、低すぎ？」と、すぐにでも転職したくなるように気持ちを煽ります。

「こうでなくてはならない」と周りから押し付けられた世界を生真面目に捉え、苦しんでいる人がとても多いのです。けれども、一瞬立ち止まり、冷静になれば、それは自分の心が勝手に抱いている妄想にすぎないことがわかるはずです。

Facebookやインスタグラムといった SNS の世界も妄想の源です。

かつてお釈迦様は、優雅な王子の生活を捨て、出家しました。城門の内側ではきらびやかな宴《うたげ》がいつも繰り広げられていましたが、現実と真実を見なくてはいけないと旅に出たのです。

実はFacebookやインスタグラムで繰り広げられている、ある一瞬を巧みに切り取った世界も、お釈迦様の城門の中のきらびやかな宴と同じです。**きらびやかで美しい面だけを強調し、この世界の真実を伝えてはいません。**

そして偽りの世界を見せ合っているSNSで、実は多くの人が傷ついています。それは、私のもとに心の病にかかる寸前の悩みがたくさん届いていることからもわかります。ブランド品に囲まれて華やかな生活を送っていたり、高級なお店でばかり食事をしていたり……。そういった世界を見せつけられるたびに自尊心が疼きます。でも、傷ついていることに本人は気づきません。駆り立てられるように今度は自分がレストランに行って写真を撮り、料理を味わうこともそこそこにSNSにアップして、リベンジする。そのようにして世界中の人が見栄や欲によって妄想合戦をすることで、みんなの見えない傷が深くなっていくのです。

その一方では、多くの人がSNSに登録することで広告収入が増え、潤っていくIT企業の億万長者たちがいます。SNSとはそのようなものということを理解して、**表**

には見えない経済の仕組みを知り、人とつながる手段として上手に利用すれば、傷つくことも避けられるはずです。

なぜ、こんなふうに気持ちを駆り立てられるのか——**きちんと問いを発し、答えを見つける姿勢があなたを妄想合戦から救います。**

SNSの次に多いのが「お金がないと不安」という妄想です。「老後には2000万円必要」などと報道されると、不安はますます大きくなります。

そんな悩みを抱えている人には、冷静に数字を分析するべきと、私は回答しています。たとえば月の収入が10万円だったとします。支出は9万9900円という数字がわかれば、何か削れるものはないだろうかと考えるのです。家賃が5万円なら、シェアハウスなどで3万円にしてみる。あるいはバイトを掛け持ちしてあと3万円稼いでみる。そうすれば、いざというときのために少しずつでも貯められる。そんなふうに分析することで、みなさんの不安が少しやわらぎます。

しかし、不安を抱える人の多くは、案外、自分がどれだけお金を使っているのか、どれだけ足りていないのかを把握していないことが多いのです。ただ足りない、足りないと不安がっているだけです。

きちんと数字を確かめて、冷静に対策を立てることで妄想は去るわけです。

私は、四半期に一度、自分に必要なものと不要なものをバーッと紙に書き出すことで**脳内を整理整頓**しています。自分にとっていちばん必要なのは何か？　2番目は？　というように、優先順位を書いていくわけです。もう20年くらいこれをやってきていて、自分の変化を見るのも面白いものです。

過労で倒れたり、救急車で運ばれた経験があるので、最近の私は命が第一。その次が時間。仕事よりも健康や命が大事ですから、もしもそこが脅かされそうになったら、迷惑をかけるだろう関係者に頭を下げて、あるいは代理を立てて仕事を先送りします。

このように、**優先順位をつけて頭の中を冷静に整理することで、不安や迷いといった妄想を撃退でき、今やるべきことが明確になるのです。**

みなさんも、SNSからほどよく距離をとり、妄想で心が波立ったときは、必要なもの、不要なものを紙に書き出してみましょう。冷静になることで、自分が進むべき方向が見極められるはずです。

16

【竹影掃階塵不動　月穿潭底水無痕】

ちくえいかいをはらってちりどうぜず
つきはたんていをうがってみずにあとなし

何者かになりたいのであれば、
鋭く生きるより、丸くなる

この漢詩は、**揺れ動いて落ち着かない私たちの心に、静けさを取り戻してくれる言葉です。**仕事や家事、育児など、あれもしなくちゃ、これもしなくちゃといつも忙しなく動き、ただ動いていることでなんとなく満足している人が多いのではないでしょうか。もしくは、やることに追われて何から手をつけていいかわからず、フリーズして動けなくなってしまう人もいるのではないでしょうか。

そんな状態は私も身に覚えがあります。

やみくもにただ動いているだけではダメで、フリーズして止まっているだけでもダメ。動であっても、静。静であっても動。つまり、多忙を極めながらも、ある瞬間には落ち着いて考える静の時間を持つ。静かに止まって考えているときでも、機会がくれば次の瞬間にはすっと動ける状態でいる。**動と静が両立し、柔軟であることが自分の軸をぶれさせることなく、賢明に生きることにつながるのです。**

禅の世界では、静動のバランスがとれている心が何よりも大切であるといいます。そのことを的確に伝えているのがこの禅僧・密庵《みつあん》和尚の詩なのです。

密庵和尚は、夜中に庭を歩き、池のほとりに佇みました。池の欄干に、竹の影が揺れて、まるでホウキのように欄干を撫でていました。けれど、欄干の上の塵はびくとも動かないのです。そして、月は池の底を煌々と照らすけれど、水面には何のあとも残りません。どれだけ影が動いても、どれだけ月の光が強く照らしても、塵も池の水面もなにごともなかったかのように静かに存在している。

それは当然の光景といえます。なぜなら、忙しなく動くのは影であり、煌々と照らすのは光なのですから、ものは動かない。けれど、人はともすれば、影が動いているだけで、気持ちが揺れ動き、光が強ければ、心も沸き立つ。動く必要のないところで動き、ふわつく。それゆえ、いざ肝心なところで適切に動けなくなってしまうのです。

密庵和尚は、自然の光景の中に、禅の境地を発見してハッとなさった。すごい洞察力だと思います。私だったら、きれいな月だなぁ、と思うくらいでしょう。

この禅の境地を日常の出来事に置き換えてみると、この禅語の意味がもっとわかりやすくなります。

たとえば、私の会社で経理を担当する人が一生懸命お札を数えているとき、本来であれば、お金を数えている人に話しかけるのはタブーなのですが、私は、その人の本質を知りたくて、あえて何度か話しかけてみたことがあります。

「〇〇さん、これもまた処理しておいてくれる？」

すると彼女はそのたびに、即座に作業の手を止めて、

「はい、わかりました！」

と、こちらの目を真っすぐに見て自然体で返事をしてくる。

今、自分はこれをやっていて忙しいのだ、と言いたくなるのが普通でしょう。さらに、これが終われば、あれも、それもやらなくてはならないのだから、と。

それは、ものを動かすことのできない竹の影が忙しなく動けば、影響を受けて、あっちに行ったり、こっちに行ったり動いてしまう塵なのです。

「時間」というマジックに支配されて心がウロウロとしてしまっている。「時間がない」というのは完全に幻想です。単に一瞬を惜しみ、面倒な用事を増やしたくない自分のキャパシティの小さな心によるものです。

本当は、相手ときちんと向き合って、そののち再び経理の仕事に専念しても、それほどロスはないはずなんです。


お札を数えている経理担当者に話しかけたとき、その人は、嫌な顔ひとつせず、こちらにちゃんと向き直って返事をしてくれました。私は経営者として、どんなことがあってもその従業員を守ろう、どこまでも一緒に仕事をしていきたい、と思いました。

なぜなら、そのような行動をとれる人は、**どんなときも自分軸を持ち、冷静にも**

のごとを判断します。仮に経営者の私が窮地に陥っても、**その場の判断を誤らない人**だからです。そんな人がそばにいてくれたら、逆に私も冷静になろうと思えるでしょう。事業を手がけていれば、いつそんな場面がやってくるかわかりませんから。

社会が新型コロナウイルス感染拡大のような混乱に陥ると、2つのタイプの人の違いが顕著に表れます。

1つ目のタイプは、不安に駆られ、トイレットペーパーを買い占める人。どうしていいかわからなくなって引きこもってしまう人。時間ができたらやりたいことがたくさんあったはずなのに、ゲームやテレビに時間を費やしてしまう人。アクションは異なっても、そのような短絡的な行動に自分が流されてしまうのは、すべて、冷静にものごとと向き合う少しの「時間」を惜しんできた結果です。

2つ目は、コロナ禍でたとえリストラされても、ゆっくりと散歩しながら、自分のことを見つめることができる人。仕事で忙しなかった自分の心に、平穏を取り戻せてよかったと感じられる人。

このタイプの人は、コロナ禍ではあるけれど、それを自然現象のひとつであると理解し、必要以上に心をざわつかせず、パニックを起こしません。冷静に賢い対応をします。

つまり、密庵和尚のいうところの、動じない塵であり、波立たない池の水面なのです。

この2つ目のタイプは、お札を数えているときに話しかけられてもフレキシブルに対応できる経理の人と同様です。

自分の意思や行動が何かにはばまれても慌てず、状況を受け入れ、冷静に行動を起こします。そして、**自分が誰かのために骨を折ることも惜しみません。なぜなら、自分の目的がわかっていて、自分軸がしっかりあれば、他人のために動く時間の余裕を持つことができるからです。**このタイプの人には、人と人との良い循環が生まれます。この人にいつもそばにいてほしいという人が増えます。雇用関係であれば、この社員を手放したくない、という人が増えるのです。

では、大愚さんはさぞかし、塵や水面のように過ごしてきたのでしょうね、と思う方もいるかもしれません。しかし、実はその正反対のことばかりしてきました。小さなことで人とぶつかっていましたし、イライラして尖っていた。高校生のときは先生に黒板消しを投げつけてしまったこともあります。けれどそれでは何かを成すことはできない。

間違いに気づいた私だから、この言葉をみなさんに届けたいと思うのです。

私たちはつい、何者かに見られたいと、人とは違うエッジを利かせようと必死になってしまいがちです。見えない何かに追い詰められ、短絡的に目立とうと思ったり、成功を誇示しようとします。そうなると、人の話に耳を傾ける余裕も技量もなくなり、人から何か頼まれれば、なぜこの私がそんなことをしなければならないのだと思い、話しかけられるだけで邪魔されたと、怒りすら生まれてしまいます。

あちらこちらに引っかかってばかりでは、自分がかき乱されて疲れるばかり。**いらぬ衝突を生んで敵をつくってしまうより、密庵和尚の説く、動じない塵や揺れない水面のように、穏やかに、障害物をさらっといなすことができる人は素敵です。**逆境の中にあっても、状況を冷静に理解し、丸く流れるように生きることができれば、周囲の人から一目置かれ、やがて何者かになれる可能性が広がるのです。

17

【源泉を汲め】

げんせんをくめ

わかった気になれば成長は止まる。
リアルを知ってこその境地へ向かえ

いつも弟子たちに向かって言っているのが「源泉を汲め」という言葉です。これは大愚オリジナルの禅語です。

おいしい水はペットボトルに入っていて、簡単にコンビニや自販機で手に入るものと思っている人は多いのではないでしょうか。しかし、本当においしい水は、山にあります。一生懸命に目指した山の頂上の、そこに湧き出る泉の水ほどおいしい水はありません。私は山が大好きなので、実際、源泉の水を口にしてきました。体を使い、汗して一歩一歩登ったからこそ、冷たく澄んだ山頂の水は格別だと感じています。

同じ水なら、山頂にある本物の源泉の水を汲み、全身全霊で味わいながら飲め。

山のふもとの濁った水で満足するな、と私は弟子たちに伝えています。ましてや、自販機で手軽に買えるペットボトルの水は、源泉の水とはおいしさや体へのしみ入り方がまるで違います。

実はこれ、水を飲むことになぞらえた例え話であって、ものごとへの向き合い方についての話なのです。

現代は、体に刻み込まれるような本物の体験が、なかなか得られない時代に

なってきているように感じています。

空手道場に顔を見せなくなっていた高校生のSくんが久しぶりに稽古にやってきました。

「最近道場に来ていないけど、学校が忙しいの？」と聞くと、

「はい。でも空手の稽古はしていますよ。ＹｏｕＴｕｂｅの動画を見てやっています」

と言うのです。私は彼の言葉に違和感を覚えました。

私が空手を始めたのは大学生の頃でした。その頃は、ＹｏｕＴｕｂｅなどありませんでした。もちろんビデオ教材などは買って見ることもできましたが、やはり、本当に強くなろうとするのなら、道場に足を運んで、先生に直接指導を仰ぎ、仲間と拳を交える以上に学べる方法はないと感じていました。

私は東京の大学を卒業し、本山での修行を経て、愛知に戻ってからも空手を続けていました。「突き」の打ち方に迷えば、埼玉にいる先生のもとに足を運んで教えを乞いました。新幹線に乗って道場へ行き、ほかの生徒の稽古が終わる夜10時まで待ちます。その後、夜中の1時、2時くらいまで、先生から直々に「突き」を習うわけです。そして

「ありがとうございました！」と言って、始発に乗って帰る。仕事の都合で電車に間に合わなければ、バイクや車で夜通し走り、関東と愛知を往復しました。その繰り返しで、一歩一歩、技を習得したものです。

今になって振り返れば、突き方、蹴り方を習っていただけではないとわかります。先生の息遣い、考え方、生き方、そばにいないとわからないことをたくさん学ばせていただきました。先生も嫌がらずによくぞ付き合ってくださった、と今でもありがたく思っています。それは、先生も同じようにして本物を求め、真剣に学ぼうと、師のもとへ通った経験があるからなのだと思います。

昔の禅僧たちも、自分がこの人と決めたら、尊敬すべき師匠を求めて、ときに命の危険を冒して海を渡って旅をしてまで、教えを乞いました。そこには師弟の真剣なやりとりがありました。**師匠のそばに仕え、自らの体で感じ取った学びは、しっかり体にしみ入って血となり肉となります。**

一方、即席に学んだことはあっという間に体をすり抜けていきます。それでも、学ぶことはできるので、わかった気になってしまいます。

今は、多くの人が、部屋の中にいて、スマートフォンやパソコンを介して、便利に世界中のことを知ることができる時代です。

わかった気になって満足してしまえば、知を探求する喜びは途切れ、探究心も消えてしまいます。つまり、そこで**その人の成長は止まってしまうのです。**気づかないうちに、「ものごとを究める一流の人」ではなく、二流三流の人になってしまいます。

ですから、何かを究めたい、自分のものにしたいと思っている人は、今からでも早速、自分に問うてほしいのです。自分は今、源泉を汲もうと努力しているだろうか、と。二次情報、三次情報ではなく、自分の目で見、耳で聞き、体で体験する一次情報を得ているだろうか、と。

高みを目指し、源泉を汲むことは容易ではありません。しかし、だからこそ本物を求める人にしか達することのできない境地へあなたを導いてくれるのです。

18

【一華五葉を開く】

いっかごようをひらく

そのままの自分を
受け止めることで
人生は飛躍する

この言葉は、禅宗の開祖・達磨《だるま》大師が弟子の慧可《えか》に伝えたとされる、悟りへのヒントが込められた禅語です。

「一華五葉を開く」とは、ひとつの花に、5つの花弁が次々と開いていく様のことです。花は、最初から備わっている能力だけで花開き、そして時期がくれば枯れていきます。それだけで十分美しいのです。ですから、人間も、**生まれたときに持っているものを十分に花開かせることができれば、それだけで高みに到達することができる**のだ、という意味を持っています。

この言葉は、他人よりも劣っている、能力が低い、スキルがない、などと自分をなかなか好きになることができない人に届けたいと思います。

効率が良くて器用な人が評価されがちな社会風潮の中、「いろいろなセミナーなどに通ってスキルアップをしようとしたけれど、不器用で、何をやってもうまくいきません」というご相談が増えています。

そんな人は真面目であるがゆえに、「なんとかしないと」と新規能力を獲得することに一生懸命になります。しかし生まれつきの不器用ですから、思うようにスキルアップできず、**自分はやっぱりダメ人間だと悪循環に陥りがちです。**

ある会社の営業マンにとても不器用な方がいました。いつも額に汗して、たどたどしい言葉遣いでしか話せません。話し方セミナーなどに通っても、一向に改善されず悩んでいらっしゃいました。それでも、自分が扱っている商品は信頼できるとてもいいものだから、ひとりでも多くの人に届けたいという気持ちだけは人一倍強く持っていました。ところがその人は、あることがきっかけで、その後トップセールスマンに上り詰めます。なんと、名刺の裏に「私はうまく話すことができません、だから嘘をつくこともできません」と、自分の不器用さをさらけ出した自己紹介文を印刷したのでした。

その人は、うまく話せない分、感謝の気持ちや季節の挨拶などを一生懸命手紙に託しました。不器用であることを開き直って、**自分が持つ人間性そのもので勝負に出たのです。**私もその人からお手紙をいただいたことがあるのですが、その字や文章からは、彼の一生懸命さ、誠実さ、不器用さといった人となりが伝わってきて、ほほ笑ましくなりました。あんな手紙をもらったら、彼から商品を買いたいと思ってしまいます。まさに**自らの五葉を開いた人**といえるでしょう。

話し方セミナーに通い、仮に流暢に説明ができても、その人の誠実さが相手に伝わらなければ、お客さんが心を動かされることはないでしょう。知識や技術を身につけて武器にすることも必要ですが、**最後に問われるのはその人の人間性です。**

では、その人間性を養うためにはどうすればいいのでしょうか？

実は「一華五葉を開く」ために、次の5つの智恵が説かれています。

一華五葉を開く5つの智恵

1　大円鏡智《だいえんきょうち》　醜いものも美しいものもすべてそのままに映す鏡のような智恵。良いこと、悪いことと関わりなく、思慮分別を超えて、そのまま自分の心に映す目を開くという智恵。

2　平等性智《びょうどうしょうち》　すべてのものを平等に見る智恵。男と女、好き嫌い、優劣と差別、区別を超えて見通す目を開く智恵。

3　妙観察智《みょうかんさっち》　平等の中にもそれぞれ個性や違いが見えてくる智恵。それぞれの違いを尊ぶことができる心を開く智恵。

4　成所作智《じょうしょさち》　お釈迦様のように他を慈しみ、大切にする智恵。嫉妬やさげすみが消え、穏やかな人との関わりを開く智恵。

5　法界体性智《ほうかいたいしょうち》　身の回りにあるこの世界は、仏の法に包まれた世界であると受け取る智恵。この世界をすべてありのままに真っすぐ見ればよい。歪めることなく、ありのままの自分をそのまま受け止める心を持てば、一華五葉が

開かれる。

つまり、偏見を持たず、世の中をありのままに見ること。平等に見通す目を持つこと。するとあらゆるものは平等でありながらも、それぞれに個性や違いがあることが見えてくる。さらに、それらを心から慈しみを持って眺めるとき、自分も他人も、大いなる大自然の営みそのものであると感じられる、ということなのです。

この５つの智恵が反対方向に裏返っていくと、視野が狭くなり、差別や偏見によって世の中が歪んで見え、自分もまた差別されていると感じて、世間への恨みや妬みが増大していきます。その結果、自暴自棄になって心が暴走し、殺傷事件や通り魔事件などに発展してしまうことにもなるのです。

かつて、私に車のセールスをした営業マンのＩさんは、靴はピカピカではないし、ネクタイも曲がっているし、「今日は髭を剃り忘れたのかな？」というくらいのぼっさりしたムード。セールスマンの心得マニュアルにことごとく反しているような人でした。

しかし、話しているうちに、五葉が開いたような、引っかかりのない天真爛漫な人だと感じたのです。

そのとき私は結婚を控えており、家族みんなでゆったり乗れるようなファミリーカーを買おうと思っていました。ボディーカラーは、無難で傷が目立たないパールホワイトを希望していました。ところが、どうしたことか、Iさんと話すうちに、Iさんの勧める黒のスポーツタイプの車を買ってしまったのです。

営業トークに乗せられたわけではありません。彼自身もその車に乗り、彼自身が心底その車に惚れ込んでいたことが言葉のはしばしから伝わってきたからです。後で知ったのですが、実はIさんは、カーディーラー界の伝説の営業マンだったということでした。

どうやら突出して成果を出す人というのは、必ずしも垢抜けたスマートな人やプレゼンが上手な人ではありません。自分の強みと弱みを知り、無理に背伸びして弱みを隠そうとしたり、弱み克服のためにエネルギーを注ぐのではなく、弱みを弱みとして認めつつ、強みを圧倒的に伸ばしている。そんな人が多い気がします。

「一華五葉を開く5つの智恵」を思い出してください。

心を鏡のようにしてこの世界を映し、ありのままを受け入れることから五葉は開き始めます。ひとりひとりが異なる、個性豊かなありようこそが、この世界を豊かにしています。

他人と比べて無理をする必要はありません。ほかの人と比べて劣っていると思うところも、真っすぐそのまま受け止めれば、自然と「ここだ」という、あなただからこその良いところを発見できるはずです。

よその芝生の青さを理想として自分を卑下するのではなく、ありのままに相手を認め、ありのままに自分を認めれば、**必ずあなたの五葉が開きます。**

19

【法演の四戒】

ほうえんのしかい

頑張りすぎのあなたへ。
一時停止で蓄える心の栄養こそ
明日の快走の原動力に

先日私のもとに、ある女性からの相談が届きました。その方のご主人は、若いながらもベンチャー企業の社長を務め、バリバリ仕事をなさっているそうです。奥様の相談は、「主人のように、頑張って仕事をするのはいいことだと思うのです。ですが、まったく休む気配がありません。このまま常に上を目指し続けていていいものか、体を壊してしまうのではないかと、とても心配です。そんな主人のような人たちへ向けて、和尚様からお話をしていただけませんでしょうか」という内容でした。

確かに今、仕事をした分だけ見返りが得られるような仕事も多く、**常に上を目指し続けている人がたくさんいます。**この方のように、**休んだら負けてしまうと思って頑張り続けている人がとても多いのです。**

そんなふうに休むのが怖い人たちへ向けて、私はこの「法演の四戒」、4つの戒めの言葉をお届けしたいと思います。

中国・宋の時代、『碧巌録《へきがんろく》』という全10巻から成る仏教書を集大成した仏果禅師《ぶっかぜんじ》という高僧がいました。非常に徳の高い方として有名で、いよいよ太平寺というお寺の住職になるというとき、師匠である法演禅師が、仏果禅師に、はなむけの言葉として送ったのが、この「法演の四戒」と呼ばれる4つの戒めの言葉でした。

「法演の四戒」

1 勢不可使尽（勢い、使い尽くすべからず） 勢いを使い尽くしてはならない

2 福不可受尽（福、受け尽くすべからず） 福を受け尽くしてはならない

3 規矩不可行尽（規矩、行い尽くすべからず） 規矩＝規律を行い尽くしてはならない

4 好語不可説尽（こうご、ときつくすべからず） 好ましい言葉であっても、言いすぎないほうがいい

これから寺の住職として成功を遂げようという弟子への言葉ですから、普通であれば、「頑張れ！」となるはずですが、さすが、仏果禅師の師匠である法演禅師は「力むなよ！ 力を抜いていけ」とアドバイスを送ったのです。これまで人一倍、一生懸命に修行に励む仏果禅師の姿を見ていたからこそ、このような言葉がけが必要だったのだと思います。

頑張ってここまできた弟子に向けた「法演の四戒」は、なにごとも「しつくしては

いけない」と説いています。

1番目の「勢不可使尽」は、最初に「頑張るぞ!」と勢い込みがちだけれど、その勢いを一気に使い尽くせば、突然倒れてしまったり、足元をすくわれたり、後々勢いが枯渇して失速してしまったりするという戒めです。最初に始めるときがいちばん危ないから、気をつけなさい、という親心のような言葉なのです。

2番目の「福不可受尽」は、幸福を求めすぎると、つい独り占めしたくなったり、ライバルをおしのけたりしがちである。その結果、人々が離れていき、いつか幸福そのものも逃げてしまうであろう、という戒めです。

3番目の「規矩不可行尽」の「規矩」は四角四面な規則のことです。規律を唱え、率先して規律を守り、模範を示してきちっとしたところを見せると、弟子たちも息苦しくなる。師匠になるのだから、力を抜いて、いいかげんにせよ、そうすれば、弟子たちもついてくる、というアドバイスです。

4番目の「好語不可説尽」は、どんなに好ましい言葉であっても、素晴らしい教えであっても、しつこく、また微に入り細をうがって説きつくされると、味わいが半減してしまう。また、自分で探求しようとする気持ちが薄れてしまう、と説いたのです。

かわいい弟子の仏果禅師がその賢さゆえに孤立して、不幸になることのないようにと考えられた、愛に満ちた師匠の言葉です。

頑張るのはよいけれど、頑張りすぎると、休んでいる人が許せなくなります。

部下が手を抜いていると感じるとイライラが募ってくる上司や、のんびり構えている子どもにイライラする親などは、3番目の「規矩」を尽くしてしまっている人です。**自分がきちんとやっていると思うほどに、そうでない人についい攻撃的になってしまい、関係がギクシャクし、うっとうしがられる存在になってしまいます。**

また、頑張ることばかりにとらわれていると、最後には気を抜いた自分までも許せなくなって、近寄りがたいほどに堅苦しい人間になってしまいます。

心当たりがある人は、時々、尽くさない日をつくりませんか。無理に自分を追い込まず、時には、自分を日常から解放してみるのもよいのではないでしょうか。

私がおすすめしているのが、プチ旅です。気合を入れず、目的も持たず、ふらりと旅に出て、心の空気を入れ替えてみるのです。

私も、ふと思いついた場所を、ふらりと訪れることがあります。ふと思いついて、翌日急に、飛行機に乗って海外に出ることもあります。それは「〇〇のために」という自分が自分にかけた呪縛から解き放たれるための旅です。

生産性も何もない「空なる時空」に飛び出すのは、普段「しつくしている」人にとっては勇気のいることかもしれません。私も「しつくしてしまう」タイプの人間なのでわかります。しかし、このような体験こそが、自分のこり固まった思考を解きほぐし、今まで想像だにしなかった出会いや気づき、チャンスをもたらしてくれたりするのです。ときには、何も調べず、行き当たりばったりの旅に、ふらっと出かけてみるのはどうでしょう。

人一倍頑張っている人は、ときに自分をいたわり、肩の力を抜きましょう。しっかりと休む勇気が、心身の健やかさを保ちます。休むことも鍛錬のうち。長く走り続けるためにも、「しつくさない」ということはとても大事な考え方です。

１００点満点を目指さず、「ま、いっか」とおおらかに構え、周囲にも求めすぎなければ、**あなたの周りが穏やかな空気に変わります。**その余裕が、家族や同僚などあなたの周囲の人たちに、あなたのそばにいる居心地の良さを与えるようになります。人一倍頑張っているあなたにこそ、「法演の四戒」を心に留め、**人々に慕われ、幸せを手に入れる人生の舵取りをしてほしいのです。**

長い目で見ると、息切れすることなく、人生を快走することができるはずです。

3章

成功を引き寄せる言葉

20

【単刀直入】

たんとうちょくにゅう

正々堂々と飛び込む勇気が
相手を動かし、道を拓く

一振りの刀を持ち、ひとりで敵陣に切り込んでいく。その勢いと潔さ。「単刀直入」は、人と人との関係のあるべき姿のひとつとして、伝わる禅語です。

私は今、現代人の人間関係が、この言葉からどんどん縁遠くなってしまっているのではないか、と感じています。嫌われたくない、トラブルに巻き込まれたくない、仲間外れにされたくない、そんな理由から、遠回しに意見を述べ、肝心な部分をオブラートに包んでしまう物言いが横行しているように思うからです。

本音でぶつからないのは、他人同士だけではありません。親が子どもを叱らなくなっているように感じます。親子の間でさえ、「できればトラブルは避けたい」「ぶつかるのが面倒くさい」と思ってしまうのです。そのような中で育った子どもも、親の真似をして、「無理して本音を言わなくていい」と学んでしまいます。

そんな潮流の中、もしも「単刀直入」に本音でぶつかってくる人、懐に飛び込んできて意見する人がいたらどうでしょう？　そんな人が少ない分、一瞬びっくりされながらも、**その覚悟の大きさや意志の強さが評価されるはずです。**特に相手が、修羅場をくぐり抜けて社会的地位についた人や、大きな責任を背負っている人であれば、「単刀直入」の勇気に、あっぱれと感じ入るはずです。

曹洞宗の開祖・道元禅師は、修行中、自分の求める教えを乞うために宋（中国）に渡ったことで知られています。道元は正師（本物の師匠）を求めて各地の高僧を訪ね歩き、ついに天童山景徳寺《てんどうざんけいとくじ》の如浄《にょじょう》禅師にたどり着きます。如浄禅師は、厳しく、激しく、豪快、破天荒なことで知られた禅師で、入門を求めて集まってくる多くの猛者修行者に対して、そう簡単に入門を許しませんでした。しかし、小国・日本からやってきた新参者の若僧とはいえ、求道心に燃える道元ですから、如浄禅師に対して一歩も引き下がりません。昼夜、時候にかかわらず、また、あらたまって身支度せずに、如浄禅師の部屋に上がって質問させてもらえるよう、如浄禅師に直訴するという、なんとも厚かましく、大胆な行動に出ました。

道元の熱意は如浄禅師を動かし、「父親だと思っていつでも遠慮せずに来なさい」と快くその願いを聞き入れたのです。

かくして道元は、如浄禅師のもとで悟りを得て、日本に帰国後、曹洞宗の開祖となりました。

道元の行動からもわかるように、相手がどんなに大物で地位のある人であっても、単刀直入に切り込むことができるのは、**自分に確固とした信念と努力の後ろ盾があったから**でしょう。

時代を変えた歴史上の人物は切腹覚悟で言うべきことを言ってきた人ばかりです。

「単刀直入」に切り込むのは怖いことです。本音を言うことで周りに嫌われるのではとおじけづくこともあるでしょう。切り込めずに周りをうろうろしている人がほとんどなのです。しかし、本音を言わず保身に走る人ほど信用されません。

たとえ「単刀直入」に本音でぶつかっても、**日頃から努力を積み重ねていれば、その姿勢が認められ、あなたの信念が伝わり、正当にその勇気が評価されるはずなのです。**嫌われるなど、まずありません。言いにくいこと、大事なことを、正々堂々、腹を割って伝えることで、**忘れられない印象を与え、周りから必要とされる特別な人になれる**のです。

一振りの刀は、あなたの持てるスキルの例えです。日頃から、あなたの刀をとことん磨いておくことで、いざというときに相手の懐に飛び込む勇気が持てます。恐れずに、「単刀直入」の姿勢でいることで、あなたは次々とステージを上げていくことができるでしょう。

【無功徳】

むくどく

損得勘定を捨て、
見返りを求めない人が、
志を遂げていく

気候変動や新型コロナウイルス感染症などで、社会に不安要素が蔓延している現代。こんな時代にこそ心に置きたい言葉が、「無功徳」です。

功徳は、もともと禅の言葉で、「他人のために良いことをして良い結果を生む」という意味です。

「無功徳」は達磨大師の言葉です。日本では、願い事をしてダルマに〝目を入れる〟習慣で親しまれている達磨大師。この人は、インドから中国へ禅を伝えた禅宗の開祖で、嵩山《すうざん》少林寺で9年間、徹底的に坐禅修行をしたといわれています。

中国・梁《りょう》の時代に仏教を深く信仰していた武帝は、仏教の寺を各地に建立し、修行の場も作ったことで名高い皇帝です。あるとき、武帝がインドの高僧・達磨大師を迎えて尋ねました。

「私は各地に寺を建て、修行の場も作り、僧たちを育ててまいりました。私の功徳はどのように報われるのでしょうか？」

達磨大師は、すかさず「無功徳」と言い放ちました。

あらかじめ何かの見返りを求めての善行は、「功徳」ではない、ということを達磨大師は伝えたのです。

仏教の教えでは、**良いことをするか、しないかではなく、自分の心を汚さないことを、何よりも大事なこと**としています。

お釈迦様が打ち立てた仏教教団は、生産活動も、布教活動も一切なし。ひたすら自分の中で真理を求め、人々を幸福にするために修行をし、**自分に返ってくるものを一切考えずに内面を高めていく集団でした。**

お釈迦様が、ストイックに修行しながら行脚《あんぎゃ》するうちに、自然とお布施が集まり、信者も増えていきました。見返りを考えず人の幸福を追求する行動は、それだけで人を呼び寄せ、周囲の人が助けてくれる良い循環を生みます。

ですから、現代人であっても、まったく見返りを考えず行動することで、その人がまとうオーラや雰囲気が変わり、結果として、周囲がその人を見る目も変わってきます。**どうせ良いことをするのであれば、純粋に行うことです。それが自分にとっての修行となり、意識しないうちに良い結果を生んでいくのです。**

私が、無謀にも1億円の借金をして起業した頃のことです。

資金繰りが苦しくて自分の持っているものを次々に手放さなくてはならない時期がありました。生まれたばかりの娘のおむつを買うこともできず、ある日、ついに車を売りました。すると、そのことに気づいた社員のひとりからメールがきたのです。
「ほかの社員には家族がいるけれど、私は独身なので、足しにはならないかもしれませんが、来月からのお給料はいりません。生意気ですみませんが、少しでも足しにしてください」と。

びっくりしました。少しでもお金があれば自分のために、という世の中で、なんという自己犠牲の精神でしょうか。当時、うちの社員たちはお給料はそこそこで休みもありませんでした。それでも文句を言わずについてきてくれた若い人たちに支えられて、いちばん苦しい時期を踏ん張ることができました。そしてそんな社員たちのおかげで借金を5年で返すことができ、今では、そのときに支えてくれた彼らが、うちのグループ会社の社長や幹部になっています。彼らの自己犠牲の精神がなかったら、今、私はYouTubeもやっていなかったでしょうし、こうして本も書いていなかったでしょう。

今でも、彼らへの恩をどう返していくか、いつも考えています。思い返せば、**見返りを求めずに自らを差し出す行動は、お互いの大きな信頼につながり、すべてが好転していきました。**

このように、**現代のビジネスに「無功徳」の考え方は応用できます。**

「お客様を第一に考えろ」という経営理念をよく聞きます。

しかし、営業担当やショップ店員など現場の人間が、いつも売り上げなどの損得勘定を念頭に置いてお客様に接していると、お金が第一、お客様は第二となってしまいます。「この人にこれが売れれば、売り上げが上がる」「ノルマ達成に近づく」という考えが頭をもたげ、そこにいやらしさが出てしまいます。客側もそれを感じるので、思うように売り上げが伸びません。同じものを売る場合でも、「これは本当にいいもので、お客様のメリットになる、お客様が幸せになれる」と信じて勧めれば、良い結果につながるものです。

それには、**最初にビジネスモデルをきちんと設計して、現場が数字を考えなくてもいい仕組みを作ることなのです。すると、お客様に喜んでもらうことだけに邁進できます。**お客様と現場のいい関係ができるのです。

つまり現場では「功徳」の精神を9割発揮して、残り1割を損得の計算に回す。それがビジネス成功の秘訣です。ところがみなさんは、1割が「功徳」で、9割が損得の計算になっていませんか？　一生懸命のようでも中途半端に見返りを求め、計算しながらお客様の前に立つ。**計算しながらの行いは「無功徳」であり、決して良い結果につながらない**と心してください。

もしも、人間関係で摩擦を感じたり、接客がうまくいかないと感じている人がいたら、損得勘定抜きに、ただただ相手の立場に立って行動してみましょう。他人に手を差し伸べましょう。何も見返りを求めない行為は、あなた自身に清々しさをもたらし、好感度が上がります。周囲の人々からの**信頼が集まり、あなたの志をみんなが応援してくれるようになります。**いつの間にか、より良くものごとが循環し、必ずや成功という恩恵がもたらされることでしょう。

22

【二つの道】

ふたつのみち

あえて遠回りすることで、
その世界で頭ひとつ抜け出せる

目の前に2つの分かれ道があったら、あなたはどちらを選びますか？
私は迷ったら、あえて困難なほうを選ぶようにしています。

「岐路には二つの道がある。安易な道と困難な道。安易な道は変化をもたらし、困難な道は進化をもたらす」

これは私自身がいつも心に刻んでいるオリジナルの禅語です。
岐路に立ったとき、楽ができる道を選べば、今と比べて変化はするけれど、人間としてのステップアップは望めません。もう一方のいばらの道を選べば、進むことに困難が伴うけれど、それがきっと自分を進化させる、という意味です。私はいつもこの言葉を念頭に置き、大きなチャレンジになるような困難な道を選べ、と自分に言い聞かせて生きてきました。

日本では、どこの道路にも大概ガードレールがついています。万一ハンドルが取られても大事に至らないように、という配慮からです。それは安全対策として、とてもいいことでしょう。けれども海外に行くと「落ちたら死ぬ」という危険道であっても、ガードレールがついていない道がたくさんあります。

見知らぬ海外で、さらに危険道を通ると、いかに私たちが普段、整備され、守られた道を走っているかを痛感させられます。

そして逆に心配になるのです。いつも安全なようにと整備されていることが常態化するとどうなるか。ガードレールに限らず、常に誰かに守られている安全な状態に置かれていると、自分で自分を守る、自分で自分の言動に責任を持つ、自分で自分の気を引き締めてことに当たるのが面倒になります。なにごとにおいても困難を避け、安全で安易で障害のないほうばかりを選ぶようになってしまいます。そして何か問題が起きれば、他人の責任、国の責任にして、あたかも自分の人生に対する責任が他人にあるかのような態度で生きてしまいます。

身の回りに目を向けると、家電にしても通信システムにしても、便利なものがあふれ、人の労力や思考力がどんどん使われなくなっています。それはニーズを先回りして付加価値を高めてきた結果ですが、便利で安全に、安心に、と先回りする状況が、安易な道を選ぶ傾向を私たち現代人に植えつけてしまっているように思います。

そんな便利な時代になったにもかかわらず、現代は、仕事をしていくうえで困難を感じる人が多い時代でもあります。大企業に就職しても、「病んでしまった」「心が折れてしまった」という悩みがたくさん届きます。**「二つの道」は、今まさに困難に直面している人に届けたい言葉**なのです。

私の空手の先輩は、ある大手生命保険会社に就職が決まったときに、配属の希望を問われて、あえて、いちばん大変なクレーム処理の部署を志願したといいます。彼は、空手において、得意技を「打たれ強さ」だと自負していました。就職後の配属部署についても「自分は器用な人間ではない。特別なスキルがあるわけでもないし、頭が切れるわけでもない。けれども打たれ強さだけは誰にも負けない」と言って、クレーム処理の部署で、ひたすら頭を下げる日々を過ごしました。

嫌な思いをしたり、辛いことがあると、人はその分、どうしたらいいかを考え、工夫します。彼は大変な部署に身を置いたことで、心身の打たれ強さが増し、問題に柔軟に対応する力が育ち、どんなことにも動じない泰然とした空気をまとった頼もしい人物に成長しました。最終的には起業して自分の会社を興しましたが、最初に困難な道を選んだおかげで、どんなことにもめげない精神力を身につけたのです。

進むべき道を選択するとき、あえて大変なほうを選ぶと、自分で考えて工夫をするので、その人だけの能力が育ち、テクニックが身につきます。最短距離の楽な道を選ぶと、そのときは得した気になりますが、次に困難な波が来たときには、避けられず、のみ込まれてしまいます。最初に困難な道を選ぶことは、遠回りのようですが、その過程で身についたものがいずれ自分を助けることになるのです。

もちろん、この先輩の例はある意味極端です。このような根性を持って自ら困難に飛び込むことができる人はむしろ稀でしょう。だからといってこの世知がらい社会を、嫌な思い、痛い思いを一ミリもしないで渡っていくこともまたできません。

そこで私が提案したいのが、**日々のちょっとした場面で自分にストレスをかけ、自ら打たれ強さを鍛えていく方法**です。

たとえば私は、駅などで階段とエスカレーターがあれば、必ず階段を選び、どんなに疲れていても、どんなに重い荷物を持っていても、自分の足で一歩一歩上り下りするようにしています。

また、車を運転するときには、時々ナビゲーションに頼らず、地図を見て車を走らせてみる。掃除をするときは掃除機を使わず、手で絞った雑巾で隅々まで拭くようにしてみる。その夏、もっとも暑い日のもっとも暑い時間帯に、草取りをしてみる……挙げていたらきりがありませんが、そんな小さなことで自分にストレスをかけるのです。そうすることで、少しずつ自分が鍛えられ、安易な道より、困難な道を選択することが楽しくなってくるはずです。

それが習慣づけば、いつの間にか、その他大勢の人と違った思考を持つようになり、**いずれ大きな岐路がやってきても、困難な道のほうに飛び込むことができるようになります。**安易な道を選んだ結果の予定調和の変化しかない平凡な生き方ではなく、困難な道を歩むことで、それを乗り越えた結果、自分自身が進化し、頭ひとつ抜きんでた存在になれるのです。困難な道は遠回りのように見えて、実は着実に成功へと向かう道なのです。

23

【行雲流水《こううんりゅうすい》】

周りに委ね、変化を楽しめるようになれば
自然と仲間が集まり、成功が加速する

師匠である父は住職、母は幼稚園の園長先生と、両親は常に忙しく、我が家では家族そろって出かけることが、あまりありませんでした。だから、小さい頃から私をいつもかまってくれたのは、お寺の雑用をしてくれていたSさんでした。「行雲流水」という言葉からすぐに思い浮かぶのはSさんの姿です。

あるとき、Sさんが、町の印刷所に仕上がった印刷物を受け取りに行く用事があり、私も連れていってもらいました。印刷物を包んでもらっているちょっとした待ち時間に、Sさんの姿が見えなくなりました。「あれ、どこへ行ったのかな？」と探していると、その印刷所の裏庭でせっせと草取りをしているSさんが見えました。

小さい頃から常に掃除や草取りなど、修行の一環でもある「作務」をするように仕込まれていた私も、Sさんのこの行動にはびっくりしました。

わずかな時間ができ、庭に草が生えていれば、それが他人の庭であろうが、初めて訪ねた家であろうが、すかさず草取りを買って出る。そんなふうに体が反応し、動いてしまう人でした。きっと彼にとっては自分の家も他人の家も、境界線がなかったのでしょう。

草取りのような仕事も、まるで空気を吸うように、ごく自然に、誰にも頼まれないのにささっとこなしてしまう。なんて優雅な人だったのだろうと、数年前に他界したSさんを思い出します。

「行雲流水」は、文字通り、雲のごとく、水のごとく、特別な世界を求めず、ありのままに修行をしていく修行僧のあるべき姿を示す禅語です。

決まった形を持たない雲は、流れる先々で形を変え、ときに雨を降らせ、その地域を潤します。一方、水は、障害物があっても、抗わずに形を変え、流れを止めず、先々で潤いを与えます。悠々と自然体で流れつつ、自ずと人のためになっている。

私もそういう泰然とした人になりたい、といつも思ってきました。しかし、若い頃は、負けちゃいけない、と無理をして、人と衝突することがたくさんありました。行った先々で障害物を破壊する、台風のような存在でした。

お寺に生まれたことに反発し、自分らしい生き方をしたい、自分なりの成功を手に入れたいと、いつも遠いところにある目標を見ていたのです。早くそこに到達したい一心で、自分が思い描く理想にしがみついて焦っていました。

それでも、「行雲流水」をイメージして過ごすことで少しずつ自分が変わり、今があります。

どう進むべきか、人生の局面で道に迷いそうになったとき、この言葉は効力を発揮します。

先日、若くして成功した歌手の方からご相談を受けました。彼女は、これまで一緒にやってきたスタッフの人たちと意見がよく衝突してしまうと悩んでいました。彼女にとって、次回作をどういうイメージにして、どんな自分を見せていくのかはとても大切なことです。彼女がこうしたいと思い描いていたことに、周囲は反対していて、とても苦しい、と涙されていました。努力家で手を抜かない人だから、なおさら苦しいのです。

私は「行雲流水」という言葉を引き合いに出しました。

スタッフの方たちも、みんな彼女のことをいちばんに考え、いろいろな経験値を生かしながら、いいところを引き出そうとしているはずなのです。自分が見ている世界は意外と小さいこともあるから、ほかの人の意見も聞いて、それに乗って任せてみることも大事だと思う、と伝えました。

自分の意見を通すこともときには必要ですが、**雲のように、水のようにしなやかになって、全幅の信頼を置いて相手に自分を預けてみる**ということも大切です。

すると、任されたほうも責任感を持って頑張ってくれます。周りに頼って、人を気持ちごと巻き込んでいくことで、とても良い循環が生まれます。
芸能界は厳しいので、乗り越えていくときに、周囲の人たちの献身と努力は絶対に必要です。そのためにも、彼女自信が信頼され、愛されることが不可欠なのです。

私は彼女に、我を通すより、**人生の局面には、ときには他人を信頼して任せるような舵取りをしながら、自分の目的を達していく方法がある、**ということを知ってほしかったのです。

「行雲流水」は、特にひとりで何でもできると自信を持っている人や、周りと衝突することが多い人に届けたい言葉です。
人は頑張るほどに、自分のスタイルや方針を変えたくないものです。これだけ頑張っているのだから、折れたくない、負けたくない、と思ってしまいます。しかし、すっと自分のこだわりを捨て、他者を受け入れて柔軟にしなやかに対応することができたら、あなたの運命は、もっといい方向へ開けていくでしょう。

日常で、思い通りにならないことがあったり、人と衝突しそうになったら、

「行雲流水」を唱えてみましょう。

成功を手に入れようと焦り、盲目的になり、周囲を置き去りにするより、ずっと、穏やかで豊かな人生になります。

また、たくさんの味方があなたの周囲に集まるので、巡り巡って、実は、遠くにある目的を成し遂げるためのいちばんの近道ともいえるのです。

24

【啐啄同時】

そったくどうじ

それぞれが独自の強みを発揮し、
チャンスをものにする方法

鳥が卵からかえるとき、雛が卵の中から殻をつつき（啐）、親鳥がその機を捉えて外側からつつく（啄）、それが同時に行われたとき、卵は見事に孵化《ふか》する――その様子を、師匠が弟子の成長を見守る関係になぞらえたユニークな禅語です。

悟りへ向けた修行の日々をともにする仏教の師匠と弟子の関係は、非常に研ぎ澄まされた高次元の師弟関係です。弟子が悟りへ向けて開眼してゆく、その機が熟してきたと感じ取るや否や、師匠は、一分の狂いもなく、ジャストのタイミングで悟りの扉を開く手伝いをします。その弟子にとって、もっともふさわしい方法で扉を開くのです。

啐啄同時という言葉には2つの要素が関わっています。

まず1つ目は、雛の孵化を助ける親鳥です。大事なのは、**酸いも甘いもかみ分けた先人としての師匠のあり方**です。どんな弟子であってもその様子を日頃から観察し、十分に「啄」のタイミングを計り、場合によってはそのつつく角度まで工夫して行動しなければなりません。

この言葉から連想するエピソードがあります。それは、赤塚不二夫の漫画『天才バカボン』に登場する「レレレのおじさん」のモデルになったといわれているチューラパンタカという弟子とお釈迦様の話です。チューラパンタカは物覚えが悪く、教えの言葉はおろか、自分の名前さえ覚えることができない弟子でした。一生懸命ゆえに途方に暮れる弟子の様子を見ていたお釈迦様は、彼にホウキを一本持たせます。「塵を払え、垢を除け」と。その後、チューラパンタカは、来る日も来る日も掃除をし続け、ついに悟りを開いたのです。さすが、お釈迦様です。

会社においても、最初からキレキレの部下が配属されるなどということはまずないでしょう。人はそれぞれに得意なこと、不得意なことがあります。

勉強やスポーツの世界であっても、最初から抜群のセンスを持っている人、人一倍努力する人、のびやかさのある人、下手でも誰にも負けないくらい情熱のある人……。その人に応じた指導方法があります。

無責任な親はよく子どもに言います。「サッカーをやるなら、Jリーガーのように上手になれ」と。無責任な上司は部下に言います。「売り上げの目標額を達成しろ」と。相手が持っている能力や特性を見ることなしに、形式的なことを言っても、絶対に子どもや部下は殻を破ることはできません。

弟子や部下が一見ダメダメでも、その人ならではの良さを見つけて、適材適所に差配するのはひとえに師匠の眼力です。親がその眼力を持っていたら、子どもの才能も花開いていくでしょう。

お釈迦様のように**相手の特性を見極めることができる上司には、部下も信頼感を持ってついてきます。**最初は凸凹チームでも、いつしか、それぞれが独自の強みを発揮し、会社内でも最強のチームになっていくはずです。

2つ目に大切なのは、**弟子や部下、あるいはこれからチャンスを摑もうとしている人の姿勢**です。

努力をすることは大事です。しかし、努力した分、成長するわけではありません。私は空手道場を主宰しており、会社には従業員もいるのでわかるのですが、人の成長を線グラフにすると、どんな世界においても、人がきれいに45度、右肩上がりに成長することはまずあり得ません。多くの場合、階段状に成長していきます。

どれだけ頑張っても、努力をしても、伸びない平坦な時期があるのです。自分は全然ダメだ、才能のかけらもない、と諦めかけたその後に、すっと一段上に伸びるのです。師や上司の立場から見るとわかるんです。あ、この人はもうすぐ伸びる、と。

それなのに、多くの人はこの平坦なところで諦めてやめてしまいます。残念ですよね。

「努力しても頑張っても報われません。どうしたらいいでしょう」という仕事のお悩みが寄せられることも多いのですが、まさに、この階段の平坦な部分を歩いている人もいれば、本当に努力して何年もたっているのに、報われないという人もいます。

なにごとも、正しいプロセス（過程）を経れば、正しい結果が得られます。たとえば、ファストフード店でハンバーガーを販売する仕事の結果は、成果の出るプロセスをマニュアル化しているので、誰がやっても変わりません。ですから、もしあなたの努力が報われていないとしたら、プロセスが間違っている可能性があります。ところが、結果の出ていない人ほど、その間違っているかもしれないプロセス（やり方）に固執してしまうのです。

「もう少し、工夫する方向性を変えてみたら？」というアドバイスにも、
「いいえ、もういろいろ考えてみたんです」と言う。
「では、どんなことをしたの？」と聞くと、案外、考えただけで行動していないことも多いのです。「自分はデキる」と思っている人に多い傾向です。

家の中に入ってしまったハエは、ガラス窓の向こうに脱出しようとして必死に窓にぶつかります。窓を細く開けてやっても気づかず、その場でブンブンとぶつかり続け、ついに力尽きてしまいます。あと10センチ横にずれれば、外に脱出でき、自由な世界が待

っているのに。

仕事でも、スポーツでも、成長には、伸び悩む平坦な時期があると知り、すぐには諦めず、自分が信じるやり方を地道に続けてみましょう。それでもなかなか成果が出ないなら、窓にぶつかるハエになってしまわぬよう、**固執せず、周りのアドバイスを素直に受け入れて、やり方を変えてみる**ことです。そしてなりたい自分をイメージして行動を起こすことです。

「頑張っても努力しても報われない」からと何もしないでいると、いざ、チャンスが巡ってきたときに、自分のものにすることができません。

「啐啄同時」の「同時」とは、千載一遇のチャンスを意味します。卵の殻の外側からつついてくれる人が現れたときがそれです。

せっかく出会いがあっても、自分に孵化の用意がなければ、そのままチャンスは遠のいてしまいます。いつどんな出会いがあってもいいように、しっかり準備をしておくことが大切です。

25

【観自在】

かんじざい

成功へ向けて、独創的な
戦略を生み出すヒント

「観自在菩薩《かんじざいぼさつ》」と始まる般若心経を聞いたことがある人も多いことでしょう。この言葉は、33の姿に変化して人々を苦しみから救うといわれる観音様の柔軟で自在な姿勢を表しています。「観自在」とは、**執着を離れ、ものごとを自在に観ることができる智恵のこと。**観音様のように、執着から解放され、自由自在な視点からものごとを観察する力を携え、行動を起こしていくことの大切さを説いた禅語です。

「観自在」なものの見方は、簡単なようでいて、なかなかできるものではありません。たとえば、子どもたちの突拍子もない自由な発想に出会うと、自分の視点がいかに画一的で、単純だったかを痛感させられます。年を取ると、いろいろな経験を重ね、学んできたからこそ、「こういうときはこうなるはず」「こうに決まっている」と考え方がこり固まってしまうのです。

仕事や勉強などの局面で、もしも壁にぶつかったとき、あるいは新しいチャレンジをしようとするときは、**過去の経験や、世間の常識を離れて、大胆に発想してみましょう。**自らを解き放つことを是とする禅的な見方に倣い、のびやかな「観自在」の力を身につけたいものです。

私が中国の農村部を旅していたときのことです。

ある少年がおいしそうにアイスクリームを食べながら歩いていました。「おいしそうだね、アイスクリームを買ったの？」と聞くと、「実はね……」とこっそり教えてくれました。

少年の自転車がパンクをしたので、お父さんから修理代をもらったのだそうです。そして自転車修理店へ行き、パンク修理の方法をじっと観察したそうです。そして、修理方法を覚えて自分で直したから、父親からもらったお金でアイスクリームを買ったというのです。

ちゃんとパンクが直ったのだから、何も問題はありませんよね。いやぁ、やるな、と思いました。なんとたくましく、そして観自在であることか。

パンクをした自転車を修理に出したら、無事に直った、というよくある話で終わるところを、ちょっとした少年の機転により、一石二鳥の面白いサクセスストーリーへと転換されました。少年はアイスクリームを手に入れただけでなく、自分でパンクを直すスキルも身につけたのです。

裕福な先進国にいると、何でもお金で買えますし、情報も行き届いているので、創意工夫を凝らさなくても生きていけます。**現状に満足してしまうと、ハングリー精神が育たず、考え方が表面的になり、角度を変えれば見えてくるたくさんのチャンスや勝機を素通りして生きているとも**いえるかもしれません。

「観自在」を実践するためには、**人と異なる視点を持つ**ことが大切です。

私は高校時代、学校からアルバイトを禁止されていたため、お寺の一室を借りて、小、中学生を対象にした英語塾を開いていました。

英語が得意になったのは、師匠のおかげです。師匠の厳命で、3歳からお経を覚えなくてはならず、苦労したことが功を奏したのでした。いかつい漢字の羅列を眺め、意味がわからないお経を意味がわからないまま、耳で聞いて丸暗記させられていたのです。

中学生になって英語の授業が始まったときに、26文字しかなく、しかもかわいらしく並んだアルファベットを見て、「なんと簡単な言葉だろう」と勘違いしたのです。教科書を丸暗記することにも抵抗を感じませんでした。残念ながら、他の科目には応用できませんでしたが、おかげで人よりも少し英語が得意になり、また、世間では英語ブームも到来していたので、それなら、英語塾を開いてお金を稼ごうと一計を案じたのでした。

当時、私が住む地域でも、お金を出せばネイティブの先生から指導を受けることができました。なので、いくら英語が得意といっても、高校生に子どもを預けようとする親がいるかどうかは疑問でした。そこで私は、弱みを逆手に取ったのです。お寺が教室ということで、私は子どもの躾もメリットに加えて、「ネイティブにはわからない、日本の子どものための、日本にいながらにして上達する英語教室。しかも礼儀作法が身について、集中力がないお子さんに最適！」というような趣旨のチラシを手書きで作成し、学校帰りに住宅街を回ってせっせとポスティングしたのです。

レッスンも工夫しました。子どもに徹底練習させたことは2つだけ。アルファベットの発音と辞書の早引きです。1つ目の発音。多くの日本人は発音コンプレックスを持っていますから、英語がしゃべれなくても、発音を鍛えると、「上手！」と感動してもらえるのです。2つ目の辞書引き。アルファベットを覚えた子はひたすら辞書で単語を引かせます。半年もたつと、子どもたちは英文をたどりながら片手で辞書を引くようになります。英語の勉強は、単語がわからないとそこで止まってしまいます。そこで私は、辞書を引くことを面倒くさがらないクセをつけたのです。

この、一見地味な発音練習と辞書の早引き訓練は、次第に実を結びます。クラスメートより、圧倒的に発音がキレイで、クラスメートより圧倒的に速く辞書を引けるのです。その子は、自分は英語ができる！　英語が得意だ！と勘違いします。だから、勝手に得意意識を持ってそこから成績が伸びるという仕組みです。

それが評判を呼び、私は高校卒業までに120万円を貯めることができました。

「ネイティブでないこと」をマイナスと捉えず、日本人だからこそ教えられることがあると、プラスに転じる発想は、「観自在」によって得られたものです。**世間一般の常識にとらわれない発想を持つことがいかに肝心か、**ということを教えられました。

そうはいっても、こり固まっている頭をほぐすのは容易ではありません。

そこで、私がひそかに実践している「観自在」を鍛える方法を紹介します。

自分の考え方が画一的であることを認め、常日頃の行動を変えていくことから始めてみるのです。

たとえば、電車に乗ったとき、私はどんなに疲れていても立つことにしています。そうすると、人々の動きを俯瞰して観察することができて楽しいのです。駅へ歩く場合も、人の流れの中に入らず、人が行かない道を通るようにします。意外な場所に素敵なお店が見つかったりして、これも発見の楽しさを知るきっかけになります。

できるときでいいので、みんなと違う時間に起き、みんなと違う日に休み、みんなと違う行動をとってみてください。すると、自然と新しい発見に出会えます。それはこり固まった偏見に別れを告げる近道にもなります。そうするうちに「観自在」が身につけば、日々の生活や仕事など、さまざまな局面で、人と異なる発想を生み出し、目標に向かって独創的な戦略を立てられます。それが自分の夢を叶えるカギになるのです。

【両忘】

りょうぼう

二者択一にとらわれない、最良の人生への選択法

転職すべきか否か、結婚すべきか否か、就職先はA社にするかB社にするか、この人と別れるべきか否か……人生は岐路の連続です。右へ行くべきか左へ行くべきか、迷い苦しんでいる人への特効薬となる禅語が「両忘」です。

「両忘」とは、両方の極を忘れるという意味です。

禅の世界でいう両極とは、本来、生と死のことを指します。どう生きるか、どう死ぬか、良く生きるにはどうしたらいいのかということに、四六時中とらわれていたら、良い「生」を生きることはできません。それよりも今、自分にできること、成すべきことに没頭して、精いっぱいやる、それが「良く生きる」ことになる。**生死の両極を忘れて生きよ、**という教えなのです。

生きることの意味を問う「両忘」ですが、生死という両極以外にも、**二者択一の局面に立って悩むことがあれば、「両忘」の精神が威力を発揮します。**

人は往々にして、白黒はっきりつけたくなるものです。どっちが良いか、悪いか、という二元論にとらわれがちです。というのも、どちらかの道しかないと思ってしまうからなのです。しかし、その両極を考え抜くと、「両忘」＝どちらも忘れ、第三の道、新しい発想が生まれるのです。

私自身、これまでいくつも岐路を経験してきました。

僧侶になるまでにはかなり紆余曲折があり、僧侶になるためにこれまで必死に頑張ってきた事業家の肩書を捨てるべきか、何日も悩んだことがありました。また、空手道場を開いて長年指導をしており、これも諦めるべきか、かなり迷いました。事業も空手も、計画して同時にやっていたことではなく、**その都度、自分が一生懸命になり没頭してきたことでした。**

僧侶になると決めた30代前半の頃、私はどちらか一方に絞るという選び方をせず、どれも捨てませんでした。空手家、事業家の顔を同時に持つ僧侶という道を選びました。両極で考えることをやめたことで、**自分の道、第三の道ができたのです。**

そしてYouTubeで『大愚和尚の一問一答』を始めたわけですが、お悩みを前にしたとき、禅の教えを学び、武道の心得があり、ビジネスの厳しさも理解している私だからこそできる話がありますし、相手のことをより理解できるような気がします。今では、どれも私自身のアイデンティティといえる、大切な顔です。

思い返せば、**どちらかに絞らなければ、と思っていた自分は、頭がこり固まっ**

ていたのだとわかります。

あなたが、人生の岐路に立ったとき、どちらか一方の道を選択するだけでなく、私のように両方の道を選ぶこともできます。二者択一に縛られない柔軟な選択が、自分だけのオリジナルの道を切り拓くのです。

27

【直感】

ちょっかん

頭や心に頼って迷うより、
直感力を磨くことが
成功への決め手になる

何かを決断するとき、私は「直感」に従うことがあります。もっといえば、経験したことがない難しい岐路に立ったときこそ、頭で考えたり、心で悩んだりせず、「直感」で決断してきているといってもよいかもしれません。

ネット社会になり、たくさんの情報が飛び交っている今、仕事や恋愛で岐路に立ったとき、何を信じて決断すればいいのか答えが出ずに迷う人が増えています。多くの人の悩みを聞いていると、なかなか決断できずに迷い続け、最終的にはネットの情報や他人の意見を信じ、失敗している人がたくさんいます。さらには、その失敗を人のせいにして、失意の中で自分を見失って生きている人も多いのです。

そんな時代にこそ、私は「直感」という言葉が大切だと思っています。

「直感」というのは、決して当てずっぽうではなく、その人が人生の中で積み重ねてきた実体験や経験値によって養われていきます。つまり「直感」は、**自分が未来へ向けてこうしていきたいと考え、実現したいことを思い描いて挑戦し、何度も経験を重ねている人に宿る力**です。未来へのビジョンを持つことを仏教では「誓願《せいがん》を立てる」と呼びます。「誓願」とは文字通り、誓いと願いです。

本気で誓願を立てることによって、人は本気で勉強をし、本気で努力を積み重ねます。

そんな真剣勝負を積み重ねるからこそ、どうするべきかの岐路に立ったときに、「直感力」を発揮できるのです。そして小さな誓願を達成した経験を積むほど、直感力が増し、その精度もどんどん上がっていきます。

私にも誓願があります。

「観音菩薩のような僧侶になりたい」という誓願です。

福厳寺の御本尊は慈悲の象徴とされる観音菩薩様です。観音菩薩は、自らの姿を33もの形に変化して人々を救うとして、昔から中国や日本で絶大な信仰を集めた菩薩です。私は33歳のときに「観音菩薩様のように慈悲深く、人々の苦しみに寄り添いたい」という願いを持ち、それを具体的に実現するという誓願を立てました。

仏教は、慈悲と智恵の教えといわれます。慈悲とは、人々の苦しみに寄り添い、勇気や喜びを与えること。智恵とは、世の中をありのままに見る聡明さのことです。そのような慈悲心と智恵を自分の中に育て、同時に、人々の中にも慈悲心と智恵が育まれるように尽力することが僧侶の役割でもあるわけですが、私はそれを机上の空論ではなく、本当に実現したいと考えたのです。

その誓願を立てるきっかけとなったのは、僧侶となる決意をし、僧侶のあり方、お寺のあり方を模索して、インドから日本に至るまでの仏教伝道ルートを旅したことでした。

かつてミャンマーに存在したバガン王朝という王朝の遺跡を訪ね、そこでバガン王朝の初代王、アノーヤター王が行った、仏教にもとづく国造りの話を聞いたのです。

アノーヤター王は、当時ビルマにあった数ある宗教の中から、神を崇める教えではなく、自らの中に智恵と慈悲を育て、戒めをもって勤勉に、謙虚に誠実に生きることを勧める仏教を選んで国教としました。

バガン遺跡の特徴は、静寂の中に立ち並ぶ3000もの仏塔や寺院です。いつの時代も、巨大建造物を造ったのは権力者かお金持ちです。しかし、バガン仏塔のほとんどは、エジプトのピラミッドやインドのタージマハルのように、王が奴隷や民を搾取して建てられたものではありません。王族が建てた仏塔は、3000のうち30程度。残りの2970もの仏塔は、なんと民衆が建てたのです。そのからくりはこうです。

王が、集めた税を人々に還元して大寺院や大仏塔を建てる。その公共事業によって精神と生活が潤った人々が感謝して、自ら寺院や仏塔を建てる。その循環によって国の隅々にまで人々の心と生活の平安がもたらされていき、その結果3000もの仏塔が建ったのです。バガンには今でも、当時のバガンを訪れた旅人が残した「こんなに豊かで平和な町はない」という趣旨の碑文が残っています。

私は大いに感動しました。慈悲と智恵の教えが、人々の心だけでなく、生活も潤していく。少子高齢化によって急速に過疎化が進みつつある日本の地方。私が住職を務める福厳寺周辺も例外ではありません。小さくていい、バガンのような美しい寺町をつくりたい。そう思い、ときに「金儲け坊主」と揶揄されながらも、寺町実現の第一歩として自ら起業し、事業と雇用をつくり始めました。正解などありませんし、あってもわかりません。誓願のもと、進む方向を「直感」で決定してきました。借金もしました。誹謗中傷も数えきれないほど受けました。しかし周囲の人々にも徐々に私の熱意が伝わったのでしょう。今は多くの人が、「何か協力できることはないですか」と声をかけてくださるようになりました。寺町構想はまだ始まったばかり、これからが正念場ですが、**大きな決断の機会を幾度も経て、直感力も磨かれてきたように思います。**誓願を立てて以来、ＹｏｕＴｕｂｅの配信や本の出版など、自分の「直感」に従った行動を後悔したことは一度もありません。

会社を経営している方から、新規の企画を進めるべきか否かの相談を受けることがあります。そんなとき、「もともと、あなたはどういう未来を思い描いてこの会社を経営していますか？」と聞き返すことにしています。

「このような問題やニーズに対して、このようなサービスを提供したくてやっています」と、社会のニーズを知り、それに応える情熱を持っている人は、誓願を立てている人といえます。そういう人は、思い描いた未来へ向けて、努力をしながら、体験を積んでいるはずですから、

「どうするべきか、直感に従ってみてください」と答えることができます。

難しい岐路に立ったときに間違った方向に自分を導くことのない、精度のある直感力を磨くためには、**社会の問題に問いを立て、人々の喜びや痛み、ニーズを知り、そこに自らの情熱を傾けて研究を重ねていくことです。**

特にあと一歩が踏み出せない人、自分が優柔不断だと感じている人は、頭で考えるのではなく、とにかく動くことです。

小さく失敗しながらも実現したい未来へ向けて多くの実体験を重ねていくのです。頭だけで考えると間違えます。心は常に優柔不断です。頭で考え、心で煩うよりも、仮説を立てて検証し、行動しながら直感力を味方につけることで、成功を引き寄せることができるでしょう。

28

【眼横鼻直】

がんのうびちょく

都合のいい近道は存在しない。
当たり前のことから可能性は生まれる

「眼横鼻直」は、目は横に並び、鼻は縦についている、という意味の言葉で、**「真理とは、何か特別なところにある特別なものではなく、当たり前のことの中にある当たり前のことなのだ」**というメッセージを込めて、道元禅師が人々に伝えたものです。

宋代中国での修行から戻った道元の元には「きっと驚くような素晴らしい教えを持って説法をするに違いない」と人々が集まってきました。当時の中国は、僧侶たちにとって仏教の本場、憧れの地です。特別な学びを得て帰ってくると思われたとしても不思議はありません。日本では知り得ない「スペシャルな教え」を期待するわけです。しかし、道元禅師は「目は横、鼻は縦」とそっけなく言い放ちました。

命をかけて船で渡った禅の本場・宋にも、ぱっと悟りを開けるなどという教えは存在しない。しかし、誰の目も横に並んでおり、誰の鼻も縦についているように、**当たり前のことを、当たり前に行《ぎょう》じていく日々の精進こそが、仏道なのだ、**という道元禅師が伝えたかったメッセージなのです。

子どもの頃に見たテレビ番組のヒーローのように、マスクをつけるだけで、あるいはおまじないを唱えるだけでスーパーヒーローになれるなどということは、現実にはあり得ません。それがファンタジーであることは誰もが知っています。しかし、あのときに覚えた高揚感を刺激するかのように、憧れや欲を刺激する誘惑がちまたにはたくさんあふれています。

そこに参加するだけで「成功し、大金持ちになれる」と思い込ませる自己啓発セミナーもその一例です。つい最近、自己啓発セミナーに700万円も自己資金をつぎ込んでしまった、という相談者がいました。

「自分のステージを上げたくて次々にお金を払いました。けれどよく考えてみたら、何の成果も得られていません。お金と時間を失ってしまったような気がします。一体、何が正しいのか、教えてください」と言うのです。

そこで、この方に「眼横鼻直」という言葉をお伝えしました。**日々の努力の積み重ねなしに、一朝一夕で成功が手に入るということはない**、それが「眼横鼻直」の意味です。

「この錠剤を飲むだけでやせる」「アカウント登録すればたちまち結婚できる」などという誘い文句は、冷静に考えれば嘘とわかるはずなのです。でも、人より楽をしたい、少しでも得したい、いい思いがしたい、という心の隙を突かれると、ふとそちらへ手が伸びてしまいます。だますほうがいけないのは当然ですが、だまされる側の「欲」がその事態を招きます。

その手のセミナーは、生きていれば誰もが感じてしまう恐怖や不安、欲や痛みを巧妙に利用してくるので、防ぐのも至難の業《わざ》です。ですから私は、「現代人は、ウイルス対策ソフトを自分の中に持つこと」を勧めています。誰もが心に持っている、欲、怒り、無智（怠け心）、その3つのウイルスを仏教では三毒と呼んで警戒します。三毒を知らず知らずのうちに増大させてしまっていないか、ことあるごとに自分の心をスキャンして、隅々まで点検してみること。そしてそこにつけ込まれることを未然に防ぐのです。

ときには自分の顔についている目と鼻の位置を触って、目先の欲にとらわれていないか、確かめてみましょう。

断言します。

何かを成し遂げていくために、楽に、簡単に、一瞬でたどり着ける**都合のいい近道などありません。**

空手をやっていると、「私でも黒帯になれますか？」と聞かれることがあります。そのとき、私は「はい、なれます。黒帯になるまで続ければ、いつか必ず黒帯になれます」と答えます。当たり前のことです。そして本当のことです。目が横に並び、鼻が縦についているように、当たり前のことを当たり前であると知って、正しく導いてくれる先生に学び、正しい努力を正しく重ねていけば、黒帯になることは不可能ではありません。そこに魔法や奇跡はなく、**その道に至るための知識と方法と行動を、ひとつひとつ習得していくほかに道はない**ことを、常に心に留めておいてください。

そんな「眼横鼻直」の原則を応用すれば、すぐに成功しなくても、無駄な焦りがなくなり、冷静でいられるはずです。怪しい人、コト、モノ、情報に惑わされることなく、コツコツ地道に、でも確かに成功へと近づくことができるでしょう。

4章

日常を学びに変える言葉

29

【一期一会】

いちごいちえ

毎日をより良く、
特別なものに変える魔法

多くの人がさまざまな場面で使っている「一期一会」という言葉。もともとは禅の精神を作法にした「茶の湯」の言葉とされています。茶室では主人と客が生涯一度の出会いと思って真剣に向き合うという意味を持っています。「一期」は「一生涯」の意味で、「一会」は「一回の出会い」という意味です。

僧侶を志した頃から、私は、インドから日本に至る仏教の伝道ルートを訪ね歩くことを目的に、お金を貯めては旅をしていた時期がありました。30歳を迎えた頃です。旅の出会いはまさに一期一会。人も景色もモノも、もう二度と訪れることはないかもしれないと思いながら、さまざまな一期一会を経験させていただきました。仏教のお寺に限らず、キリスト教会やイスラムのモスクも訪ね、各国のさまざまな宗教指導者たちと出会い、ときに巡礼者たちと同行することがあっても、数日後には「良い旅を」と言って別れる……非常に貴重な経験でした。

その後、私は住職となり、日々お寺にいて、外から人が訪ねてくるのを待つ側になりました。お寺で、弟子たちとともに、毎日同じ景色の中で暮らしています。その中で、**繰り返しの日々にこそ、この「一期一会」という言葉が大切なのかもしれない、**と思うようになりました。

最近、久しぶりに十三回忌の法要で、ある檀家さんのもとを訪れました。亡くなったのはご主人で、車を運転なさっていた最中の交通事故死でした。その朝は、夫婦でちょっとした口論をし、ご主人が慌てて仕事に出ました。そして、家から300メートルのところで衝突事故を起こし、ご主人は亡くなってしまったのでした。奥様はいまだに「私が殺したんです」と後悔なさっていました。

家族は、今日も明日も明後日もずっと一緒にいることが前提です。それが当たり前です。ですから、言いたいことを言わずにいたり、あるいは言わなくてもいいことなのに、つい皮肉を言ってしまったり、ということも多いです。

でも**明日、別れがくるかもしれないとしたら……。**毎日の接し方がずいぶん変わってくるはずです。しっかりお互いの思いを伝え、ときには真剣に悩みをぶつけることで、新鮮な関係が生まれるのではないでしょうか。

この「一期一会」という言葉は、仕事でも絶大な威力を発揮します。同僚や上司、取引先の人との、今この瞬間が一期一会と考えれば、もっと真剣な関わり方になります。挨拶の仕方すら変わるでしょう。相手が変わらなくても、自分が変わることで、何気なく済ませていた会話も実りあるものになります。周りの人間関係が確実に変わっていく、そんな素晴らしい変化を体験できるはずです。

そして、**自分自身の命との出会いも「一期一会」の精神で捉える**ことができます。

小さい頃から着物を身につけて仏寺に連れていかれた私は、「着物って面倒だなぁ、洋服なら簡単なのに」といつも思っていました。それがいつの頃からか、「着物っていいな」と思うようになったのです。おそらく高校生くらいからでしょうか。

知り合いのおばあさんが、**「着物を身につける動作は、自分の命を感じる動作なんですよ」**と教えてくれたのです。

着物を着るときには、まず右手で襟を持ち、襟に沿って左の心臓のところへ拳を持っていきます。人の心臓はちょうど拳くらいの大きさだから、自分の拳で命の鼓動を感じます。次に、左手で襟を持ち、拳を下ろしていき、右手の拳を包み込むのだ、というのです。

私は、着物を着ることで、朝一番に、自分の命を確かめるって、なんて素晴らしいことだ、と深く感心したのでした。毎朝、おつとめのために起きて着物を着るたびにその言葉を思い出します。

自分の命との出会いも「一期一会」と感じます。**人は夜に死んで、朝に生まれる、**そんな繰り返しと捉えることもできるのです。

そんな気づきを得てから、私は、仕事にしても、今やっている作業にしても「なぜこんなことをやらなきゃならないんだ」と思い煩うことが一切なくなりました。「今はこのことができる自分がいるけれど、二度とできないかもしれない」と、**すべてに一期一会の尊さを感じるようになった**のです。

今日は昨日の延長ではありません。今日、自分は生まれ変わって新しいチャレンジができると思ったら、どんなことにも希望が湧いてきます。日常がより良く、特別なものになっていくのです。

30

【看脚下】

かんきゃっか

進化したければ、遠くでなく、
まず、足元を見よ

「看脚下」という言葉の背景にはとても興味深いエピソードがあります。

中国・宋の時代に、法演《ほうえん》禅師という高僧が3人の弟子と暗い夜道を歩いていました。当時の夜道を照らす灯りは手元の行燈《あんどん》だけ。すると、そこに一陣の風が起こり、行燈のろうそくが消えて真っ暗になってしまいました。その瞬間を捉えて禅師が弟子たちに「一転語をくだせ（悟りの境地を言葉で表せ）」と言いました。すると弟子のひとりの仏《ぶっ》果《か》が、その場で「看脚下」と答え、禅師を納得させたのです。

これは、「眼を凝らして足元を見よ」という意味で、遠くを見て空想に耽るのではなく、**自分の足元を見ることができて初めて、道が拓けていくのだ、**という意味が込められています。

手に灯りを持っていたときは、ろうそくの灯りで道を見ていました。ところが、灯りがなくなった今、何をもって道を見るかというと、**自分の心をもって道を見る、**ということなのです。

灯りがあるうちは灯りがなければ歩けないと思っていたけれど、暗闇に目を慣らして自分の五感を研ぎ澄まし、自分を頼りに歩いてみよう、という決意を込めた言葉です。

また、**灯りがあるときに見える明るく眩しい世界は、自分ではなく、灯りが見せている世界です。**もっと自分自身でこの世界を見ていこう、という意思もそこには含まれています。

YouTubeの『大愚和尚の一問一答』などでお悩みを聞いていると、「看脚下！」と言いたくなることがよくあります。

「夫と衝突してばかりいます、どうしたらいいのでしょう」
「子どもとどうコミュニケーションをとっていいのかわかりません」
という悩みが寄せられますが、それは私がアドバイスをすることでしょうか？　人は問題に直面すると、すぐに正解を求めがちですが、実は答えは、その人自身の足元にあります。夫や子どもに関する問題なら、家族同士の時間があるのですから、相手と向き合って話をして、その原因を一緒に探して解決してほしいと思います。

多くの人が、**相手と向き合い自分で考えることなく、外に正解を求めるようになっている気がします。**法演禅師と仏果のエピソードでいえば、ろうそくの灯りばかりに頼って進む道を見ています。

相方や子どもに元気がないと気づいたら、しっかりと向き合うことを大切にし、「大丈夫？　疲れている？」と声をかけましょう。職場でも同じです。あなたが上司なら、直属の部下に対してきちんと声がけできているでしょうか。毎日会っていて気心が知れた人たちへの気配りはついつい後回しになりがちです。しかし、身近な人との日々のコミュニケーションは何よりも大切にしたいものです。

私自身も、反省したことがあります。講演会で出会った方に書を頼まれたときのことです。

「さて、困った。私はいい字が書けるだろうか」

私の母が書家なので、お手本を書いてほしいと頼みました。すると母に、

「お手本を見て上手な字を書こうとしている限り、ずっとお手本がないと書けなくなってしまうわよ」

と諫《いさ》められました。母はその人なりの字を書けばいいと言うのです。

まさに「看脚下」。**自分で考え、工夫をし、地道に一歩ずつ足元から始めることを忘れていました。**安易に正解を求め、母に頼ろうとした自分を猛省したエピソードです。

「看脚下」という言葉には「靴をそろえよ」という意味もあります。遠くの目標ばかり

を見て、弟子や家族のことをおろそかにしていないか、欲に引きずられず、地道に歩んでいるか。私自身、毎日靴をそろえることで、自分がしっかり足元を見ているかを確認し、初心に帰る習慣をつくっています。

売り上げばかりを気にして、部下のことをぞんざいに扱っていませんか？　仕事に熱心になるあまり、家族との会話が少なくなっていませんか？

大切なことはいつも足元にあります。みなさんも、初心に帰ることを大切にし、そばにいる家族や部下のことを気にかけることから始めてみてください。

そうした日々の中の些細な行いや小さな心がけのひとつひとつが道をつくり、あなたを導き、進化させてくれるはずです。

31

【菩薩行《ぼさつぎょう》】

湧き出てくる思いやりを
あなたなりの方法で届けよう

観音様、と呼ばれて人々の信仰を集めてきた観音菩薩。菩薩とは、まだ自分は悟りに至っていないけれど、人を苦しみから救うために、思いやりとエネルギーを尽くす人のこと。そして観音菩薩は、慈悲の象徴です。

この観音菩薩の素晴らしいところは、決してひとりだけ幸せになろうとはせず、すべての人々が苦しみを離れて幸せを得るまでは、高みには行かない、すべての人々を救い上げると誓っているところです。

決して歩みを止めず、人々と一緒に幸せになることにチャレンジしていく、それが「菩薩行」です。私も怠ることなく精進を重ね、「菩薩行」を実践する僧侶でありたい、と自分の心に誓願を立てています。

他人のためになることを行えば、その人は「菩薩行」の実践者であり、すでに菩薩なのです。年齢や性別、資格などは一切関係ありません。

私は小さな小さな菩薩に出会ったことがあります。放浪の旅でネパールへ行ったときのことです。

村に小さい店があり、ガラスの扉の建て付けが悪く、自然と外へ開いていました。すると突然そこへ、4歳くらいのまだあどけない小さな男の子が走ってきて、自分の身長の3倍ほどもあるその扉を閉じて、開かないように頑張って押さえ続けているのです。その子には明らかに重すぎる扉でした。すると間もなく、扉の前を、杖をついた盲目の老人が、よろよろと通り過ぎました。その男の子が扉を閉じなかったら、老人は扉にぶつかっていたことでしょう。男の子は、老人が扉にぶつかってしまうのではと思い、走ってきて扉を押さえていたのです。

私は思わずその子の必死な後ろ姿に手を合わせました。

誰かの役に立つこと、それは決して難しいことではありません。**特別なことでなくてよい**のです。その子のように、自然な思いやりがあれば、誰にでも実践できることです。

あるおばあちゃんのお通夜でのことです。デイサービスの施設の職員さんたちが制服姿で参列していました。おばあちゃんがお世話になっていた施設の関係者とはいえ、通夜の席にこれほどまでたくさんの職員さんがいらっしゃるのは、普通ではありません。しかもみんなが親族と同じような勢いで、おいおいと声を上げて泣くのです。後で職員さんに話を聞いてみると、そのおばあちゃんは、どんなときでも私たちに向かって、いつもニコッと優しく笑ってくれたと言うのです。人員不足で大変な仕事のなか、おばあちゃんの笑顔にスタッフみんなが救われたそうです。

周りのサポートが必要なおばあちゃんでも、笑顔ひとつで菩薩になれるのです。**誰でも、どんなことでも、人のためになることを行えば、菩薩になることが可能**です。


さて、自分はまだ何者にもなれていない、何もできていない、と諦めかけているあなたは、どんな「菩薩行」を実践したいですか？　自分に何ができるかを考えて実践する「菩薩行」は、とてもクリエイティブな行為ではないでしょうか。

自然災害なども増え、人々の苦しみや悲しみが増大している現代、あなたの思いやりをあなたなりの方法で届けてみませんか？

32

【威儀即仏法】

いぎそくぶっぽう

洗練されたぶれない日常を重ねれば
創造的で実りある人生にシフトできる

「威儀即仏法」の「威儀」とは、日々の暮らしの中の、作法にかなった行いのことです。食べ方、着方、しまい方、洗い方などがそれに当たります。「仏法」とは「仏の教え」という意味です。日々の細かな行いこそが、仏の教えそのものであるという曹洞宗・開祖の道元禅師の教えです。

私たちは、仏の教えは特別なところにあると考え、はるか遠くを探そうと構えがちです。しかし、道元禅師は、**毎日の行いの中にこそ、教えの根本がある**と言ったのです。

この言葉を挙げたのは、現代を生きるみなさんにも、日頃の生活をもう一度、問い直していただきたいと思ってのことです。

お金を稼ぐこと、仕事やスキルアップの勉強には努力を重ねることができても、日常の暮らし方に心を砕く人は少数派のように思います。少々掃除が行き届いていなくても、机の上が散らかっていても大丈夫と考える人が多いのです。しかし、雑事と呼ばれるような日常の行いを手際よく、気持ちよくこなせるようになれば、生活そのものが変化し、仕事にもいい影響を与えます。

昨今は、「いつも自分は時間に追われていて、やりたいことが何ひとつ実現できない」

と感じている人からの悩みも多いです。しかし、合理的に目の前のことをひとつずつこなしていくことで、逆に無駄な時間を省くことができ、目標に近づくことが可能になります。

では、合理的に目の前のことをひとつずつこなしていくためにはどうしたらいいのでしょうか？　私は、道元禅師の時代に立ち返った、禅の修行のなかにこそヒントがあると思っています。

禅の修行は非常に繊細で、食事の仕方、食器の洗い方、服の着方、たたみ方、本の読み方に至るまで、動作のすべてに作法があります。修行を始めた頃は、そんな作法が苦手で、なんでこんな窮屈なことをしなくちゃいけないんだ！　と心の中で叫んでいました。こんなことばかりやっていても形骸化するだけで、仏法に迫るなどとんでもない、とさえ思っていました。

たとえば、食事は漆塗りの椀が大中小と重なって入れ子式になった応量器という器を使います。食事の作法は、器や匙の持ち方、食べ方などに始まり、食後の器の清め方、自分の口元の拭き方、食器のしまい方までたくさんの作法があります。手順を覚え、作法が身につくまでは、先輩に逐一注意を受けるのです。食事を楽しむなどという雰囲気ではありません。

しかし、悪戦苦闘しながらも作法を覚えていくと、**「威儀」というものが自然の理にかなっていて、最少限のもので最低限の生活をする動作が、無駄がなく、とても合理的だと実感するようになりました。**注意されっぱなしで窮屈この上なかった食事ですら、振り返れば、**なんと美しく上品な作法であろう、**と礼賛するほどになるのですから不思議です。

そして、合理的で自然な動きこそが成果を生むということに気づきました。

修行僧でなくても、日常をきちんとこなし、創造的な生活をしている人もいます。

私は、大学の修士論文のテーマが「宗教と音楽」だったので、取材のために、山中に立つ、ある音楽家の家を訪ねたことがありました。その方は、学生の私に、丁寧に一日中対応してくださいました。ランチと夜ごはんまでご馳走になり、素晴らしい論文への題材を提供してくださったのです。でも後々振り返ると、その方は決して私につきっきりではなく、ときにスタッフの方に私の対応を任せながら、上手に席を外し、庭の草取りをはじめ、ルーティンの仕事をきちんとこなしていたのです。私は一度も取り残された気持ちにならなかったので、どんな来客があっても、いつもそのようにされていて、スタッフも慣れていたのだと思います。

その音楽家もとても忙しいはずですから、もしも、私に一日つきっきりになったら、後でスケジュールにしわ寄せがくるでしょう。「時間を使ってしまった」と私が帰ってから後悔するかもしれません。しかし、その日にやるべきことを無駄なくシンプルにこなす生活をしていたからこそ、来客に対応しながらも、素晴らしい音楽を作ることができていたのだと思います。

急な来客があったり、家族と口喧嘩をしたりと、感情の乱れはいつ起こるかわかりません。しかしその乱れに身を任せっぱなしにしないで、いつもの日常を淡々とこなすことで、軸をしっかり保ち、人生の目的をきちんと見据えて進んでいくことができます。そして、その人の人生を実りあるものにしてくれるのです。

アップルの創始者の故スティーブ・ジョブズは、いつも黒のタートルネックとリーバイスのジーンズに、ニューバランスのスニーカーという服装でした。それは、ただでさえ、たくさんの決断をして、真剣勝負をしていかなくてはならないなか、今日は何を身につけるかという選択に頭を使わず、その分、仕事でより質の高い意思決定を行うためだったそうです。まるで修行僧のようですね。

仕事や勉強で最高のパフォーマンスを発揮するためには、まず日常の生活をシンプルに、より合理的にしていくことが有効です。特別なノウハウは必要ありません。いつもの日常を見直し、無駄を省いて環境を整え、洗練させていくことです。飛び抜けている人は、当たり前のことが洗練されています。創造的で実りある人生にシフトするために、今日から心がけてみませんか？

33

【不妄語】

ふもうご

小さな嘘のうちに刈り取れば、
人生は真っすぐに伸びていく

仏教では、仏の道を志すものがしてはならないこととして「五戒（五つの戒）」が定められています。その4つ目の「戒」がこの「不妄語」。妄語＝嘘。嘘をついてはならない、という言葉です。嘘というと、あなたは大きな嘘を思い浮かべるかもしれません。しかし、私が気をつけなければならないと思うのは、**「小さな嘘」**です。なぜなら大きな嘘をつけば、誰もが罪悪感を抱きますが、小さな嘘は罪がないと考える人が多いからです。そして、誰もが小さな嘘をついた経験があるのではないでしょうか。

小さな嘘は、徐々に大きな嘘に発展していきます。食べ物の味が少しずつ濃くなっていくと、舌が麻痺して、その濃さに気づかないのと同様です。**慣れてしまってどんどん大きく膨らんで、知らず知らずのうちに取り返しのつかない事態になる**のです。

ある会社に転職した女性がいました。彼女は前の会社にどうしても馴染めなかったそうです。冷たく当たられることもあり、転職したということでした。とてもハキハキした聡明な女性でした。最初はスタッフのみんなが彼女に同情的でした。前の会社はよっぽど理解のない会社だったに違いない、と。

しかし、少しするとわかってきたのは、彼女は小さな嘘をつく人だったのです。「あの封書、出してくれた？」と聞かれると、「あ」と一瞬躊躇したのちに「出しました」と言う。そしてその後、慌てて出しにいく。その日のうちに出せば、何の問題もありません。「あの人に連絡とった？」「は、はい、とりました」と言って、その後、こっそり連絡する。結果オーライなので、大きな問題には発展しません。しかし上司は、すぐに彼女の小さな嘘を見抜いたのです。前の会社に馴染めなかったわけがわかりました。いつか注意せねばと思っていたところ、だんだんと周囲のスタッフも彼女の嘘に気づき始め、いつの間にか、彼女は新たな転職先でも信頼を大きく失ってしまいました。

最初に嘘がばれなかったからセーフ、その次もセーフ、と嘘は重なっていきます。胸に手を当ててみれば、あなたにも、小さな嘘をついてしまった経験がありませんか。

私にもそのような経験があります。

曇り空の日、外出していた妻から電話がありました。「雨が降りそうだから洗濯物を取り込んでおいて」と指令が出たのです。「わかった」と返事をしたものの、自分の仕事にかまけてうっかり取り込み忘れていたのでした。そこへ再び妻から電話がありました。「雨が降ってきたけど、洗濯物、取り込んでくれたよね？」「あー、入れた、入れた」とつい言ってしまい、慌てて取り込みました。

妻が帰宅してから、「実は、電話で入れたと言ったのは嘘で……」と告白して謝りました。

「やっぱりね。そんなことだろうと思っていたわ」と妻。

もしも嘘をついたままだったら、3つ目か4つ目の決定的な嘘に傷ついた妻は言うでしょう。「あなたは嘘つきね！」と。深刻な事態に発展してしまう可能性もあります。大げさなようですが、1つ目の嘘で謝ったことで、信頼を失うことなく、笑い話で終えることができました。

誰もが、つい嘘をついてしまった、ということがあるものです。「ばれなくてよかった、セーフ」と思っていると、また嘘をついてしまいます。そんな人間の油断しがちな心のありようを見極め、「不妄語」であれ、とお釈迦様は説くのです。とてもデリケートな心の導きです。

もしもあなたが嘘をついてしまったら、その次の瞬間に**「今、嘘をつきました、ごめんなさい」と謝ること**です。すると、この人はこんな小さなことを正直に打ち明けてくれた、とかえって信頼を得ることができます。嘘を重ねて、自分の人生を取り返しがつかないほどの大火事にしてしまわないように、小さな火種のうちに消火して、嘘のない真っすぐな人生を歩みたいものですね。

34

【感謝報恩】

かんしゃほうおん

思い上がりや傲慢さを浄化すれば、
心は静かに満ち足りてゆく

私のお寺にやってくるあるおばあちゃんは、いつも「ありがたい、ありがたい」「生きているだけでありがたい」と口癖のように「ありがたい」を繰り返して手を合わせています。その方に会うたびに、私の心の中に温かな思いが湧き起こります。まさに「感謝報恩」を体現しているおばあちゃんだなと思います。

ありがたいは漢字で書くと「有り難い」。つまり、こんなことはめったにないこと、あり得ないこと、という言葉です。「感謝報恩」は、「ありがたい」こと、めったにないことに、自らの心で気づき、それに報いたい、恩返しをしたいという内側から湧き出る気持ちを持つことを説いた言葉です。人から押し付けられるのではなく、自分で気づいてかみしめることの大切さを伝えています。

恩という漢字は、因の下に心と書きます。私たちが今ここに存在していることの「原因」は何なのでしょう？　私たち生き物を生かしている森であり、海であり、大地であり、産んでくれた両親であり、温かく包んでくれている周囲の人々のおかげでここに存在しているのです。そのことに自分の心で気づき、自分を生かしてくれている大いなる恵みに報いたいと感じる、それが「感謝報恩」なのです。

なお、仏教では、四恩＝**四つの恩として、父母の恩、衆生（社会）の恩、国王**

（国家）の恩、三宝（仏・法・僧）の恩を代表的な恩として心に留めよと説かれています。

以前、ニューヨークの幼稚園を見学したとき、ごく自然に「恩」について学ぶ教育をしていて、驚いたことがありました。ちょうどお誕生日会を催す日だったのですが、日本とは祝い方がまるで違っていました。

自分が誕生日を迎えられたのも、周囲のお友達や先生たちのおかげという考え方で、誕生日を迎えた子どもたちが、周りのお友達に感謝を込めて焼き菓子などを配っていました。お母さんの手作りだそうです。お誕生日の子がプレゼントをもらうお誕生日会とは異なり、とても新鮮で素敵な会だなぁ、と感心した覚えがあります。

どうして今、この「感謝報恩」という言葉が人々にとって大切なのでしょう。

物質的な欲望が増大している現代、私たちのなかには、あれがない、これもない、と「ない、ない、ない」という気持ちばかりが先行しています。また、何かを受け取っても、それは受け取ることが法律で保証されている「権利」である、または、何かの代償としてもらうのが当然のことと思ってしまいがちです。それに伴い**感謝に気づけない社会**になってしまっているように思います。

もちろん国民としての権利を主張することも大切です。けれど、見回せば、法律で定められている義務や権利とは異なる、もっと本来生き物が生きるために必要な、命の根本の部分で、実は**たくさんの人、モノ、自然に囲まれ、大いなる力に支えられて生かされているのです。**そのことをしっかり心に留めてほしいのです。

私はお寺で育ったので、周囲に林や池などの自然があるのが当然と思い、都会の子どもたちに比べて恵まれた環境で暮らしていることに気づかず、生きてきました。しかし、自分が住職となって境内環境に気を配るようになって初めて、自分の育ってきた環境には、小さな草花や木々があり、鳥たちや虫たちがいて、そこに暖かな日の光があることに改めて気づきました。モノクロームの世界がいきなり極彩色になったようでした。思わず深呼吸をして、なんてありがたいのだろうと感謝の気持ちが湧き起こりました。

飲める川の水や水道水がなくて、ペットボトルを買わなくてはならない国もあります。PM2・5など大気汚染が進み、そのうち空気も買って生きる時代がくるかもしれません。それが今のところ必要ない私たちの自然はなんと恵み豊かなことか。自然に対する報恩の気持ちがあれば、それを守っていくこともできるのではないかと思います。

私は、そのとき以来、報恩の実践として、少しずつですが、水源を守る活動や、山林への植樹などに協力させていただくようになりました。

感謝報恩といっても、大げさなことは必要ありません。「恩を忘れない」ことが大切なのです。そしてできることの中から、小さく恩返しをしてみるのです。

たとえば福厳寺境内に幼稚園があるのですが、その幼稚園の20年前の卒園生から今でも年賀状が届くのです。この時代に律義な人だなとびっくりします。そのように、遠い過去のことでも恩義を大切に保ち続ける感性があることはとても素晴らしいことだと思います。

「お父様が御住職のときにお世話になったから」と、今も旅先からおいしいものを送ってくれる方もいます。たまたまおいしいものに出会えたから、ふと思い立って送りました、と**恩着せがましくなくさらりと恩返しをすることができたら、とても粋です。**

何かをしてもらって当然という傲慢さを払拭し、ふと気づいたときに、さらりと恩を返す行為。それは**自分の心の浄化**でありながら、人々の心に気持ちのいい風を運び、良好な人間関係を築くのではないでしょうか。そして**恩を感じ取り、それに報いようとするほどに心は満ち足りてゆき、あなた自身に幸せをもたらすことでしょう。**

35

【一行三昧《いちぎょうざんまい》】

物事の取り組み方を
根本から変え、
幸福な人生にする秘訣

「一行三昧」とは、雑念や妄想にとらわれず、**ひとつのことに全身全霊で没頭している状態**のことです。

禅寺には三黙修行というものがあり、坐禅をするとき、食事をするとき、お風呂に入るときはしゃべってはいけないという決まりがあります。まさに坐禅三昧、食事三昧、入浴三昧で、その行いのみに集中します。

坐禅でしゃべってはいけないことはわかりますが、食事をするときくらいは、みんなで賑やかに談笑しながらいただくほうが楽しいし、おいしく食べられるのではないか、と思う人もいるでしょう。

しかし、仏教では、食事は「命」をいただく行為であり、修行なのです。他の命をいただいておいて、おいしい、まずい、好き、嫌いなどという評価を下すなど、厚かましいにもほどがあります。いただく「命」や食材の生産者、調理者に感謝し、食べることに集中していただきます。口内の感覚を研ぎ澄ませ、全身で全力で味わうことで、一口一口の食事が体にしみ入り、びっくりするほどおいしく感じられるのです。

福厳寺に修行に来る弟子たちは、皆口をそろえて、こんなにおいしい味噌汁は味わったことがない、こんなにおいしいお粥を食べたことがないと言います。命をかみしめる修行の中で初めて、日頃私たちが、実は味噌汁一杯さえも味わい尽くしていないことに気づくのです。

入浴も同様です。

ゆったりと湯につかりながらスマホで音楽を聴いたり、テレビを見たりすることが至福という人もいます。

修行としての入浴は、黙ってお湯につかり、体がゆっくりと緩んでいく様子を味わい、体の垢を落とすと同時に心の垢を落とす行為です。お風呂に入ったときぐらい、自由にさせてよ、と言いたくなるところですが、これがいったん入浴だけに集中してみると、五感のすべてで体の隅々が癒やされていくことを感じ取ることができるはずです。お風呂でスマホや、テレビを見たりすると、一見リラックスしているように思えますが、実は文字や音や映像を介して、脳を興奮させているのです。お湯につかって体の緊張を静めよう、と体にはブレーキをかけながら、脳はもっともっと楽しみたいとアクセルをふかしているのも同然です。どちらも中途半端になり、とてももったいないことに思えてきます。

「一行三昧」は、難しい禅修行の言葉のようですが、実は、**生きている実感はどこ**

にあるのか、本当の幸せとは何か、という現代人のライフスタイルに対するシンプルな問いかけです。

シンプルなだけに、「一行三昧」の状態を体感していくには、少し難しい部分もあります。特に刺激の多い現代社会の生活は、便利で快適なように見えて、実は雑念のない一行三昧の状態がなかなか得られず、私たちを幸せから遠ざけているように思えます。


仕事でコピーを取りながら、「なぜ自分がこれをやらなくちゃいけないの？」

お店で食事をしながら、「あっちのお店のほうがおいしかったな」

庭の草むしりをしながら、「暑いな、早くクーラーの効いた部屋に戻りたいな」

などなど、常に雑念が飛び交い、頭の中はとてもうるさい状態です。

結果として、中途半端な仕事、中途半端な勉強、中途半端な睡眠、そして中途半端な家族の団欒。このままでは、生きている実感すら失われてしまいそうです。


頭の中の騒々しさから逃れて「一行三昧」するにはどうしたらいいのでしょう。

私は、「動詞を念じて雑念を取り払う」ことを心がけています。

実は**雑念というのは「面倒くさい」「つらい」「面白くない」「疲れた」という**

ような形容詞の言葉なのです。少し気を許すと、すぐにこれらの形容詞が頭の中を占拠します。だからそれらの形容詞が浮かんでくる前に、ひたすら動詞を念ずるのです。

たとえば掃除をしているとき。掃き掃除をしているのなら「掃く、掃く、掃く……」と動詞を念じながら体を動かせば、作業に集中でき、雑念は入ってきません。「拭く、拭く、拭く……」「磨く、磨く、磨く……」どんな言葉でもいいです。

特に掃除のような退屈になりがちな単純作業のときほど、日頃から動詞を念ずることを心がけていると、簡単に雑念を取り払うことができるようになるでしょう。

雑念を取り払い、日頃の動作のひとつひとつを全身で味わってみてください。そうすれば、感覚が研ぎ澄まされ、掃除や食事、入浴がこんなに清々しく気持ちのいいことだったのか、と気づくことができるでしょう。それこそが人生の機微を感じ、日々の幸福を味わう秘訣なのです。

36

【朝々日は東より出で、夜々月は西に沈む】

ちょうちょうひはひがしよりいで、ややつきはにしにしずむ

地球の当たり前のサイクルに従えば、
さまざまなストレスから脱却できる

南宋時代の中国に仏法を学びに行った曹洞宗の開祖・道元。弟子たちは憧れの本場、中国でさぞたくさんの学びを得たに違いないと道元の教えを心待ちにしていました。しかし道元禅師の帰国後の第一声は、「朝々日は東より出で、夜々月は西に沈む」というものでした。

毎朝、太陽は東から出て、夜ごと月は西に沈むという、ごく当たり前のことを伝えられ、弟子はうろたえたことでしょう。

さて、あなたが弟子だったら、この言葉をどう受け止めますか？

中国で学んだといっても特別なことは何もない。だから、当たり前のことを当たり前にやるだけなのだ。それこそが教えのすべてだと道元禅師は伝えたのです。

当たり前のこととは何か。それは禅寺の修行を体験すればわかります。禅僧たちは太陽が昇るとほぼ同時に起き、夜ふかしすることなく眠ります。起きている間は頭を徹底的に使って考え、体を徹底的に使って掃除などの「作務」に励みます。朝の4時または5時からおつとめが始まり、夜9時まで休む時間はありません。その代わり、布団に横になった途端に眠りに落ちます。眠っている時間は夢も見ず、眠れないなどということがありません。起床の鐘が間違いではないかと思うくらい、眠った次の瞬間に朝になっているのです。

「なんだ、お寺の修行か」と思うかもしれません。しかし私はこのシンプルで当たり前のことができていない現代人が多いために、「疲れがとれない」「集中できない」「眠れない」という現代病や生活習慣病が起きていると実感しています。ちまたには、人々をおいそれと休ませてくれない誘惑がたくさんあります。ときにはお寺の修行を念頭に生活をしてみてはどうでしょうか。

先日、ある30代の会社員の男性からこんな相談を受けました。

「毎日体がだるくて、仕事に集中できません。夜はなかなか眠れず、朝は体が泥のようです。これから先、どうなってしまうのか不安で仕方がありません」と。

聞いてみると、目覚まし時計はいつも2台ないと起きられないそうです。深夜1時、2時までテレビドラマを見て、ベッドに入ってもいろいろな感情を引きずって、なかなか眠れない。朝は目覚まし時計を使ってなんとか目を覚ますものの体や頭がすっきりしない状態がずっと続いている、というのです。

人生これからという年齢なのに、とても気の毒になります。〝**中途半端に日中を生き、中途半端に眠る**〟、そんな人が、働き盛りの人に増えているように思います。一生懸命働くことばかりに頭がいき、休むことをおろそかにしがちですが、働くことと同じくらい休むことは大事です。しっかり働き、起きている時間を充実させたければ、まずは休むことです。休むことをおろそかにして、昼夜のメリハリのない生活を延々と繰り返していると、やがて睡眠薬が必要になってしまうことがあるので、注意が必要です。

道元禅師の言う「当たり前」の生活を実践するためには、まずは**頭と体をしっかりと休ませる**ことです。テレビドラマや映画は、ハラハラドキドキさせる内容で視聴者を引っぱり、常に頭を覚醒させようとしますから、しばらく見るのをやめて、頭を休ませましょう。

こういう人は夜遅くの食事が習慣になっていることもしばしばです。これも、消化に時間がかかり、体を休ませてくれませんから、なるべく食事時間を早め、一汁二菜のようなシンプルな食事に切り替えてみてはいかがでしょうか。

また、お風呂に入るときは、日中の感情を引きずらず、目をつぶって自分の体の筋肉がゆるゆると脱力していく様子だけを意識してみましょう。それがあなたを徹底的に休ませることになるのです。

朝はなるべく太陽の光を浴びて、体を起こしてあげてください。早起きができたら、スマホを見る前に、散らかっている部屋を整理整頓するのもいいでしょう。一度にやらなくてもいいので、今日は机の上、明日はクローゼットの中、というように少しずつ整理整頓して、時間があれば、雑巾を手に拭き掃除をするのもおすすめです。ノルマが課せられた仕事はストレスかもしれませんが、目に見えて身辺が片付き、きれいになる**整理整頓や拭き掃除は、心が整い気持ちが落ち着きます。**実は心を満たす栄養でもあるのです。

なかなか最初はうまくいかないかもしれません。徐々に、でよいのです。

夜の習慣を切り替えて、頭も体も思う存分休ませてあげることが大切です。自分にそれをしてあげられるのは、あなただけです。**十分休むことで日中も生き生きと動くことができます。しっかり体を動かし、一日を生きることで自然と夜に休める。生活のリズムが整い、良い循環をつくっていく**ことで、仕事も充実し、いつの間にかストレスも去っているはずです。

5章

人間関係を豊かにする言葉

37

【挨拶】

あいさつ

型を重んじることで
相手と真実の関係を築ける

幼い頃から、「きちんと挨拶をしましょう」と言い聞かされてきた人が多いと思います。実は、この「挨拶」という言葉も禅語のひとつです。

もともと「挨拶」という禅語は、師匠と弟子の、教えを伝え、学ぶ真剣なやりとりから生まれました。「挨」は推す、「拶」は迫るという意味を持ちます。つまり「挨拶」とは、**相手の心の内にある真理への探究を推し量り、迫っていく行為**なのです。

この言葉が生まれた背景には、中国での仏教弾圧があります。

仏教はインドで生まれ、中国で禅として広まったのちに大弾圧を受けた時代がありました。書物はすべて焼かれ、教えを広めることが罪に問われた時代。禅僧たちは山中へ逃れ、修行僧たちは、ひそかに師を求めましたが、講義のような形であからさまに仏法を説くことはできず、自然の景色や生き物の営みなど、何気ない日常の出来事に託して伝えられました。

身の危険を冒して仏法を伝え合った時代に、**推し量り、そして、真理を得ていく――その真剣勝負のやりとりが「挨拶」という言葉の本来の意味なのです。**

以前、私は「挨拶」ということについて、真剣に考える機会がありました。

大学生の頃、夏休みの期間を利用して、イギリスの大学で勉強することになったのです。1か月の勉強を総括するプレゼンテーションを学生たちの前で行うことになり、私は「挨拶」をテーマに取り上げました。

というのも、現地では、頭を下げる日本人の挨拶が珍しがられ、特に電話などで、相手に見えないのに、話しながら何度も頭を下げる行為が、諸外国から集まった学生たちにからかわれていたからでした。

考えてみると、この地球上で、挨拶の言葉を持たない民族はいません。必ず挨拶の言葉が存在します。そして、挨拶をするときの動作として「型」も存在します。中東では握手、欧米ではハグ、タイやインドでは合掌、そして日本のお辞儀。

なぜこのような挨拶の「型」が生まれたのでしょう。

脳が発達し、言語を持ち、道具を作ることを覚え、そして複雑な感情を持つようになった人類は、尊厳ともいえる「好き」「愛しい」「美しい」などの他者に対するポジティブな感情を持つと同時に、「憎しみ」「嫌悪」「恨み」「怒り」「嫉妬」「見栄」などの煩悩を百八つも持つようになりました。

結果、この地球上で、武器を持って殺し合いをする特別な生き物となりました。

しかも今は、道具がなくても、言葉をあやつり、SNSなどで匿名の誹謗中傷をすることで、人を自殺に追い込むこともできてしまいます。

二足歩行によって重力から解放された脳と自由になった両手。この2つで人は人を救うことも殺すこともできます。「友達になりましょう」と近づいてきた人が、実は銃やナイフを隠し持っていることが起こり得るのです。

そこで大切になるのが、挨拶の「型」です。

中東では、互いが馬に乗り、手綱を持たないほうの手と手を握り合って挨拶をします。お互いに何も持たず素手であるということを証明するための「型」です。ハグも、お互いが抱き合うことで、武器を持っていないことを確認し合う「型」です。また、合掌は右手があなた、左手が自分という意味を持ち、あなたの喜び、悲しみ、苦しみを私も感じます、という友好の情を表しています。

そんななかで日本のお辞儀はさらに特別な意味を持っています。両手を体の側面にぴたりとつけ、相手と目を合わせることなく、無防備に頭を相手に差し出します。それが、武士道にも通じる潔い日本の挨拶の「型」なのです。

方法は違っても、挨拶の「型」は、**私はあなたの敵ではないことを態度で示し、**

争わないためにつくられた人間の智恵です。

職場や学校、家庭でも、自分の心に余裕がなかったり、相手が忙しそうにしていると、挨拶をしそびれてしまうことがあります。しかし、毎日のように会う人とこそきちんと挨拶を交わすことが大切です。職場などで張り詰めていた空気も一気にほどけ、その場がぱっと明るくなります。

人の心は毎日変わります。自分から挨拶をすることで、今、相手がどういう状態なのかを推し量り、内側の本質に迫ることができるのです。人と人との壁をなくし、より深く相手との関係を築くことにつながります。

挨拶は「型」であり、習慣ですから、言葉を選ぶ必要もありません。もっとも簡単に、相手を理解し、真実の関係を築く方法なのです。そして挨拶をするときの根底には、相手を知りたいという気持ち、受け入れたいという気持ちがあることが重要です。

「うちの子は挨拶ができない」と嘆く親は、果たして、子どもに対してきちんと挨拶をしているでしょうか？　謝るとき、「ごめん」と目を合わせず小さな声で言うだけでは、子どもも真似をして、謝るでもない謝り方をするようになってしまいます。夫婦喧嘩の後、自分が悪いと思ったら、素直に「ごめんなさい」と合掌できているでしょうか？

それができたら、その瞬間から相手も自分を受け入れてくれるようになり、わだかまりが解けていくのがわかるでしょう。

毎日の挨拶によって、押し黙っていたのではわからない、**心の奥のつながりが見え、お互いを信頼し合う良い関係が築けるのです。**

つい忘れがちで、面倒に感じてしまう挨拶ですが、目を見て挨拶をすると、相手に対する自分の気持ちが真っすぐに伝わります。そして相手にも自分の気持ちを表に出そうという思いが芽生え、相互の信頼が育っていきます。挨拶は、人と人がより深い関係を築くためにとても大切な習慣なのです。

38

【喝】

かつ

計算のない熱い想いが、
相手をさらに高みへ導く

「喝」は、間髪入れずに相手を叱咤する一声のことです。現在の修行道場では「喝」の代わりに、警策《きょうさく》と呼ばれる棒で肩をたたかれるほうが一般的ですが、中国唐代、臨済宗の開祖・臨済禅師は「喝」と叱ることで弟子を育てたといわれています。

臨済宗には4つの「喝」があるといわれています。

1．知識にとらわれた迷いや執着を断ち切る喝
2．自負が出てきたときに思い上がりを打ち砕く喝
3．師匠と弟子がお互いの力量を測ろうとするときに発する喝
4．上記のすべてを包括する喝

坐禅中、雑念が独り歩きし始めると、すかさず一喝されます。

私も修行に入ったばかりの頃は、雑念と妄想に悩まされていました。坐禅をしていると、足が痺れを通り越して痛くなってきます。やがてお腹がすいてきます。「足が痛いなぁ」「お腹がすいたなぁ」と心の中でつぶやいても、それは生理現象ですから叱られません。しかし、ふとした気の緩みから、「今頃、あいつは、あそこのカフェで恋人とおしゃれなスイーツでも食べているんだろうなぁ、いいなぁ」と思った瞬間に、なぜか体が揺れ、心が透けて見えたかのように、すかさず警策で肩をたたかれたものでした。

「喝」は、相手の心の緩みや揺れを見透かし、タイミングを見計らい効果的に叱る、禅ならではの〝人育て〟法です。ですから人材育成にも活きる禅語といえるでしょう。

なんでも丸く丸くと、人間関係に角を立てることを嫌う現代では、叱ったり叱られたりする機会がとても少なくなってきています。それゆえに、企業の管理職の方から、「部下をどんなときに褒め、どんなときに厳しくしたらいいのか、わからなくて困っている」という悩みがよく届きます。みなさん、どのように叱っていいのか迷っています。

実は「喝」は入れられる側より、入れる側のほうが難しいのです。叱る人が相手の心の内をどれだけ捉えているのか、そして**叱る人が相手の中で、どのくらいの存在感があるのか、ということが問われる**からです。一目置いている上司や先輩に叱られれば、心深くに響き、その「喝」が部下を良い方向に導きます。しかし、尊敬していない人から叱られても、素直に受け止められず、反発心が湧くことさえあります。仏教の師匠と弟子の関係のように、お互いの信頼関係があってこそ、「喝」が意味を成し、部下は叱られながら育っていくことができるのです。

私には、今思い出しても背筋が伸びるような「喝」を入れられた経験があります。

それは大学4年生のときの空手の試合でのことです。地方大会に出場し、3位のトロ

フィーを獲得した私は、その日で空手を引退しようと心に決めていました。先輩に挨拶に行き、その旨を伝えると、

「本当にいいのか？　それでいいのか？　おまえは弱い自分を克服したくて空手を始めたんじゃなかったのか？　せっかく空手を続けてきて、最後の試合があれでいいのか？」

ものすごい勢いで叱られました。

その先輩にはすべてお見通しでした。実は最後の試合で延長戦に入った後、スタミナが切れて苦しくて、もう負けてもいい、負けても3位だから、トロフィーをもらってなんとか空手人生の最後を飾れる、と思いました。その瞬間に集中力が途切れ、試合を投げ出してしまったのでした。先輩には、そんな私の心の動きが手に取るようにわかっていたのだと思います。

「これまでのおまえの試合のビデオは擦り切れるまで見てるんだぞ」

と先輩は言いました。びっくりしました。同期のなかには世界大会まで駆け上がるような選手もいたので、自分など先輩の眼中にないとひそかに思っていましたから。

あんなに心に響いた「喝」は、後にも先にもあの一回です。

その後、私は今もその流派に所属し、生徒を指導しています。振り返れば、あのとき

の先輩の喝がなければ、自分が志した空手はこんなものだったとあなどり、その後に目指した僧侶の道もなめてかかり、もっと生ぬるい人生を歩んでいたかもしれません。**最強の敵は弱い自分だったのです。**そんな自分の目を覚ましてくれた、まさに人生の節目となる「喝」でした。

私も、弟子や空手の後輩たちに、そのようなベストのタイミングでその人に実りをもたらす「喝」を入れられる人になりたいと思っています。

それにはどうしたらいいのでしょう。

仏教に「正師」という言葉があります。正師とは、弟子が師匠を慕う以上に弟子のことを想っている師匠のことです。私の空手の師匠も、私の成長を見守り、育てようとして、私の良き技やクセ、心のあり方などをこと細かにビデオで研究し、熟知してくれていたのです。一切の妥協をせず、ただただ生徒の成長を願って指導に当たっている。情熱を持って空手の道を進んでいる、そんな人の「喝」にはぐうの音も出ません。相手を叱るために大切なのは、**相手を想う気持ちであり、同時にそのフィールドに注ぐ熱量＝熱い想いが不可欠**なのだと思います。

武道であれば、武道への熱い想い、会社であれば、仕事への熱い想い、職人であればば自分の職人仕事への熱い想い。まずは自分のフィールドへの熱い気持ちを育てていくことです。そこで一緒に頑張ろうとしているからこそ、同志や後進への深い愛情が芽生えます。その気持ちがなければ、叱っても褒めても、あなたの思いを相手に届かせることはできないでしょう。相手をさらなる高みへ導けるような「喝」を発することができる人になりましょう。

39

【以心伝心】

いしんでんしん

感覚を研ぎ澄まして寄り添えば
唯一無二の存在になれる

師匠と弟子が言葉を超えて教えを伝え受け取る、その信頼深く、ぴたりと合った関係性を表現した禅語が「以心伝心」です。

赤ちゃんが泣いているとき、どうして泣いているのか、母親は必死に観察します。我が子をわかりたい、理解したいという気持ちが、少しずつ母親の感覚を磨いていきます。最初はどうしていいかわからなくても、そのうち、「今はお腹がすいて泣いているな」「眠いんだな」「体調が悪そうだから、すぐに病院に行かなくては」というように気持ちを理解し、変化に気づくことができるようになります。

たとえ血を分けた親子でも、どんなに惹かれ合った恋人同士でも、最初から何でもわかり合えるというのは幻想で、多くの時間と数々の体験を通して、感覚を磨くことで、初めて言葉を超えた「以心伝心」の関係になれるのです。

欧米文化の影響で、「イエス、ノーをはっきり言え」「日本人は、はっきり意見を言えないからダメ」と言われることがあります。もちろん、場面によってはきちんとノーと言ったり、言葉に出して気持ちを伝えることも大事です。

しかしこの傾向が加速し、**言葉で伝えることが当たり前になると、相手の気持**

ちを酌み取る感覚が退化してしまいます。言葉にしていないことは、「言われてないからわからない」となり、関係性も希薄になっていきます。

部下が仕事のことで思い詰めて自殺に追い込まれても、「まさかそんなに悩んでいるとは知らなかった」と言う人がいました。これは、明らかに部下に対して無関心で観察力不足です。仕事で悩んでいたら、何らかの信号を発していたはずなのです。

この人にはこういうクセがある、こういうときにはこういう行動を起こすなど、日頃から、言葉にならない部下の動きや気持ちを肌感覚で理解しておく。管理者に必要なのは、管理する力ではなく、**部下たちに関心を持って、よく見守ること**に尽きます。

逆の立場の場合も同じことがいえます。

上司のことを、関心を持ってよく見る。少々手強い上司であっても、遠慮は無用です。関心を持って相手のサインを読み取ろうとすれば、相手のその日のコンディションがわかるようになります。何に悩んでいるのか、何を欲しているのか、相手にかける言葉もわかってきて、どんどん近い存在になれるでしょう。そこに寄り添おうとする気持ちが大切なのです。同じ部署で、同じ目的を持って進んでいる者同士、通じ合える要素はたくさんあります。求めているものを肌感覚でわかってくれる部下は、上司にとってかけがえのない存在、**唯一無二の存在になれる**のです。

大切な人への誕生日プレゼントを決めるとき、あなたはどうしていますか？

あらかじめ聞いてしまえば簡単です。誕生日当日に喜ばれることは間違いありません。

ですが、ある夫婦のこんなエピソードがあります。

あるとき、デパートのバッグ売り場で、夫は、妻がひとつのバッグを手に取り、値段を見て諦める様子を見ていました。そしてそれがどんなバッグかを頭に刻み、妻の誕生日に、そのバッグをプレゼントしました。妻は「なぜ、これが欲しいとわかったの？」と驚き感激します。そのバッグが手に入ったことはもちろんですが、夫が自分に関心を持って、よく見ていてくれていたことが最高のプレゼントなのです。

「以心伝心」で通じ合うことのできる相手がいたら、こんなに素晴らしいことはありません。職場でも家庭でも、あるいはスポーツのチームでも、「以心伝心」の関係になりたければ、まず**相手を感じ取るセンサーを磨くこと**です。

持てる感覚を駆使して、相手を感じ、相手を慮ることです。そうすることでお互いが唯一無二の存在になれるのです。それは人生にとって非常に大きな糧となるはずです。

40

【相互依存】

そうごいぞん

思い切って助けを求めてみよう。
感謝し、感謝されることで、
人間関係がステージアップしていく

「相互依存」は、**自立した者同士がお互いに支え合って生きる、**そんな理想の生き方を表した言葉です。

私は、今の社会において、この生き方を特に大事にしたいと思っています。なぜなら、なんでも自立、自立と、自立することが良いこと、当たり前のことのようにいわれている現代社会にあって、自立したと勘違いして、孤立してしまう人が増えているからです。

仏教では「縁を大切にしながら生きる」生き方を提案します。「人」という文字が、2人の人が寄りかかっている様子を表した象形文字であるように、「人間」という言葉が、「人のあいだ」と書くように、**人間はひとりで生きられる動物ではなく、家族や友人を得て、お互いを必要としながら、助け合い、支え合って存在する生き物なのです。**

以前、ある弟子が漏らした一言がとても印象に残っています。

「久しぶりに田舎の実家に戻ったら、地元の駅にエレベーターができていました。便利になったのはいいけれど、助け合う機会がなくなってしまって残念です」

彼曰く、以前は地元の駅に長い階段があり、車椅子の人やベビーカーを押している人がいると、通りがかりの人々が協力して階段の上まで運んでいたそうです。特に、地域の高校生たちが喜んで手伝ったりしていて、駅の不便な階段が、人々の心を潤す機会と空間を提供してくれていたといいます。

まさに、「相互依存」の好例だと思います。**助けてもらって「ありがとう」と謙虚になる人、助けてあげることができて、清々しい気持ちになる人。**温かく豊かな交流が生まれ、その場がなごみます。ハンディキャップを持っている人、子育てをしている人、若くて力のある人……いろいろな立場の人がひとつの社会で調和して生きる、理想の社会の縮図といえるでしょう。

エレベーターを作ることで、車椅子の人やベビーカーを押す人たちは助けてもらう必要がなくなりました。もちろんそれは、ハンディキャップを持つ人にとって、心身の負担を大きく減らす優しい改善に違いありません。しかし、個人個人の暮らしにおいても、お金さえ出せば、家事のアウトソーシングもできますし、掃除も洗濯も発達した機械がやってくれます。だから、「自分は自立している」「自分ですべてできる」と思い込み、自分が万能だと勘違いしてしまう人も出てきます。すると、他人を必要としなくなり、徐々に孤立を深めてしまうのです。人との結びつきが希薄になり、それが高じると、たとえば会社では「この社員が辞めても替えはいくらでもいる」と思ってしまいますし、家庭では「いつでも離婚してやる」と思うようになります。**人を人と思わない傲慢な人間関係が蔓延する社会が出来上がってしまいます。**

逆に、助けが必要な側も、誰にも甘えられず、ひとりで頑張ろうとしてしまい、孤立する人が増えています。最近では、死ぬ間際においても迷惑をかけたくないからと、終活まで身内を頼らずに自分で済ませようとする高齢者が増えています。

私自身も、振り返れば、非常に傲慢だった時期があります。特に若い頃は、「親に育ててもらったのに生意気だ」とか「親に感謝しろ」というようなことを言われるたびに反発して、「自分は誰の世話にもならずに生きている。誰にも文句は言わせない」という調子でした。実は誰かに世話をかけっぱなしで、何ひとつ自分ひとりで成し遂げたことなどないにもかかわらず、そう思い上がっていたのです。

それが、あっちで失敗して助けられ、こっちで失敗して助けられ、といったことを繰り返すうちに、ひとりで生きていくことはできないのだ、と気づきました。

大事なのは、**自分ひとりでは何もできないことを知ること。そして素直に助け**

を求めること。助けてもらったら「ありがとう」と言ってほほ笑むこと。

社会には人を助けたいと思っている人がたくさんいます。そんな人は、助けられることも喜びですが、助けることも喜びだと知っています。しかし残念なことに、日常においてなかなかそのチャンスが巡ってこないのです。

仕事や家事、育児において、誰にも頼れず、ひとりで背負いすぎていることはないでしょうか？　周りに力を借りて甘えることは、決して悪いことではありません。意固地にならず、頑張りすぎず、必要なときには人を頼りましょう。その代わり、誰かがあなたを頼ってきたら、全力で助けてあげてください。

「お互いさま」の精神で、完璧でない人間同士が補い合い、調和し、助け合って生きることで、人とのつながりに感謝でき、自分も謙虚になれるのです。お互いにできることを交換し合うことで、周りとの絆が深まり、人間関係もどんどんステージアップすることでしょう。ひとりで何でもできたとしても、孤立していたら幸せではありません。

今後は、IT化、ロボット化が進むでしょうから、人々はもっと他人を必要としなくなり、孤立を深めていくことでしょう。

だからこそ「相互依存」の関係が、実は人間にとって、ずっと豊かで幸せなあり方であることを忘れないでほしいのです。

41

【我逢人】

がほうじん

会うべくして出会った人となら、
不可能を可能に変えることができる

「我逢人」は、**人と出会うことがすべての始まりである、**という禅語です。

人生や仕事について考えるとき、何をするのか、どうするのか、ということは重要ですが、実はいちばん大切なのは、誰と出会い、誰と一緒に歩んでいくか、ということです。人と出会うことでものごとが展開し、新しい世界が開け、イノベーションが起こります。だからといって、手当たり次第に人に出会えばいいというわけではありません。

「この人との出会いがなければ、今の自分はなかった」というような、**一緒に人生を切り拓いていくような人と出会えているか、**が重要です。

「そういわれてみれば、なかなかいい人と出会えていない」と思っている人も多いことでしょう。よく企業の経営者の方から、「求人を出してもなかなかいい人が来ない」「巡り合わせが良くない」「どうして嘆かわしい人ばかり来るのか」というような悩みが寄せられます。恋愛でも「なかなかこの人！という人に出会えない」という人がいます。

実は、いい人と出会えないのは、自分自身が未熟だからなのです。人間性において未熟なのか、知識や経験、スキルにおいて未熟なのかは、仕事かプライベートかといった、出会いを求める状況によって違うでしょう。けれども、**自分のレベルが出会う人のレベルを決めている、という原則は変わりません。**

さらに、「人生を変える出会い」というものは、いつも突然であり、偶然であり、それでいて必然です。

たとえば、真言宗・開祖の空海和尚は、遣唐使として唐に渡り、密教の正当な伝承者、恵果和尚から灌頂《かんじょう》（法を正式に伝える儀式）を受け、阿闍梨《あじゃり》となりました。

空海が教えを乞うために恵果和尚を訪ねたところ、恵果和尚は、空海を見てすぐさま、次なる密教の伝承者と見てとり、密教の大法を授ける手続きに入ったといいます。

どれほど長く修行を積もうが、どれほど高い志を持っていようが、その人に大法を受け継ぐだけの力と可能性が備わっていなければ、大阿闍梨の法を授かることはできません。しかし空海は、出会ってすぐに、「あなたが来るのを待っていました」と、唐代きっての高僧、恵果大阿闍梨に言わしめたのです。

教えを乞うべき師が現れたなら、すべてを投げ出してでも学びたいと願いながら、誰よりも愚直に努力精進を重ねてきた求道者と、誰もが認める最高峰の師は、出会うべくして出会ったのです。

私にも、「人生を変えるような」弟子との出会いがありました。

かれこれ10年余り前のことです。私は先代から住職を引き継ぐにあたって、500年以上続いたお寺を、次の時代にどう受け継ぐか、という新時代に向けたお寺のあり方について思案していました。そこに紹介者を介して、僧侶でありながら、デザインを専門に勉強してきた、ある男性と出会ったのです。

私がそのことについて打ち明けたところ、彼は、私の頭の中にある、非常に抽象的な未来構想を絵にすることができました。しかも、「そうそう、それが言いたかったんだ！」と自分でも言語化できていないようなニュアンスまで酌み取って、私の頭の中をさらに昇華させて表現するのです。これがどれだけ稀有で貴重なことなのかは、プロのデザイナーに大金を払って何かのデザインを依頼しても、なかなか思ったような仕上がりにならないジレンマを経験したことがある人ならばわかると思います。

今思えば、奇跡のような出会いでした。彼と出会わなければ、私の頭の中にあったことを実行に移すことは難しかったでしょう。彼には、もともと見聞きした「想い」や「物語」をわかりやすく絵図に描き表す特殊な能力がありました。

聞けば、すでに幼少の頃から、彼の家では、兄弟や従妹が集まると、言葉ではなく、絵でコミュニケーションをとっていたというのです。まさに天性です。それでいて、彼は自分の才能を活かす機会に恵まれず、親戚の叔母さんの家を間借りして、悶々としていたのです。

彼は私に言いました。「大愚和尚は時代に風穴を開けていくアーティストです。感性の赴くままに行動してください。そして目の前にある壁を思い切り壊してください。後の処理は僕たちがやります」と。

この言葉がなければ、今の大愚元勝はなかったでしょう。彼の観察眼や感性により、私の構想は絵に描いた餅から、現実の色や形を持ち始めたのです。

私は彼に言いました。「これからは映像の時代です。絵やデザインだけでなく、人々の魂を揺さぶる映像を研究してください」と。その延長で始まったのが、『大愚和尚の一問一答』です。彼は今、ナーランダ出版という会社を立ち上げ、社長となりました。彼のデザインは商品のヒットを後押しし、彼の創る映像は、プロも驚くほどのクオリティーと感性に満ちていて、企業のプロモーション映像などの引き合いが後を絶ちません。

また、彼は単に優れたスキルを持っているだけではありません。絶対に他人の悪口を言わず、相手の弱みや強みを客観的に評価しながらも、弱みを批判したり嫌ったりすることはなく、その人の魅力や強みだけを見て誰とでも楽しく付き合うことができる奇特な性格の持ち主です。そんなところに私は大いに学ばせてもらい、また大いに助けられています。

この人と出会っていなければ今の自分はいない。そのような出会いこそが、「我逢人」なのです。

なぜ私があなたに「我逢人」という言葉を伝えたいのかというと、私のように、何の後ろ盾もなく、何かを始めようという人にも、**必ず、希望に満ちた出会いがある**ということを知ってほしいからなのです。**出会いを大切に育めば、不可能が可能になっていくのです。**

大企業には、安定した収入や定期的な休み、ネームバリューがあることなどに魅力を感じ、新入社員がやってきますが、中小企業や起業したばかりの経営者にとっては、そこを引力にできないので苦労もあることでしょう。しかし、目的をしっかり定め、会社の理念や未来図を発信しながら、努力精進することで、自ずと「協力したいです」と志を持った人が現れるはずです。最初はうまくいかないかもしれませんが、**魅力を磨く努力と、魅力を表現して伝える努力をコツコツと続けることが**肝心です。

出会いは自分自身が試されるもの。いい出会いがないという人も、自分を高めるために真剣に学び、出会う準備ができていれば、必ず良き出会いに恵まれます。

いい人に出会えないと気落ちするのではなく、自分がいい人になれるよう、**努力を重ねていきましょう。**必ず、自分に見合う人が現れ、一緒に未来を切り拓いていくことができるはずです。

6章

未来を幸せに導く言葉

42

【放下著】

ほうげじゃく

幸せになりたいのなら、
得てきたものをまず捨てよ

唐の名僧、趙州禅師と修行僧・厳陽《げんよう》の禅問答の中に出てくるのが、この「放下著」という言葉です。放下とは捨て去るという意味です。著は、強調するための助詞で、「捨て去ってしまえ」という意味になります。

厳陽が「私は何も持っていませんが、どうしたらいいですか？」と問うと、趙州禅師は「捨て去ってしまえ」と言いました。

禅の教えのもっとも大切なこと、それは「執着を捨てる」ということです。

裕福な王子として生まれたお釈迦様は、29歳で出家しました。地位も家族もそれまで手にしていたものをすべて捨て、苦行の末に、人々を幸せに導く悟りを開いた方です。

しかし、誰もがお釈迦様のようにすべてを捨て去ることができるわけではありません。それどころか、苦労して手に入れたものを手放すのは人間にとって至難の業です。努力に努力を重ねて得た役職や、やっと手に入れた名誉、過去の成功などにしがみついてしまいがちです。

以前、こんなことがありました。

私は僧侶のほかに、スポーツジムを運営する会社に投資をしていますが、ある引退したプロスポーツ選手からクレームをいただいたことがありました。その方は、「○○だが、これから行くから」と電話をしてきました。ところが電話応対の若いスタッフが○○さんを認識できなくて、「○○さんですか、どうぞ、どうぞ、いらしてください」というような、いわゆる〝VIP対応〟ができませんでした。普通の人と同じように会員番号を問われたことで、○○さんは大変気分を害されたのです。

引退したプロスポーツ選手をみんなが知っているかというと、そうではありません。同年代ならサインを求めにくるかもしれませんが、若い世代の人たちは、その人が活躍した時代を知らないのですから、ユニフォームを脱いだ時点で「どなたですか？」となります。社員教育が足りないと言われそうですが、私の関わっているジムは、オリンピック選手もいますが、一般の方とも刺激し合って体を健康にしていくのが目的ですので、どんな会員も平等に大切にするのが方針です。

○○さんが立腹したことを、彼の全盛期を知る人はどう思うでしょうか？「そんなふうに過去にしがみついているなんて……」と、とても残念な気持ちになったりはしないでしょうか。過去の栄光を振りかざしてばかりいると、ファンであっても、1人、2人と離れてしまうものです。

プロスポーツ選手でなくても、過去の栄光にしがみついている先輩方を見るのはとても残念です。

「俺様に敬意を払え」とばかりに、ファミリーレストランで若い店員にクレームをつけている、身なりのいい初老の男性。葬儀場の駐車場で、入り口に近い身障者スペースに、当然とばかりに高級車を駐車するお行儀の悪い元重役たち。

みっともないことを平然としている人は1人や2人ではありません。


私たちは過去の栄光をいつまでも大切にして、すがりがちです。でも得たものを捨てられずにいると、それらにとらわれてかえって不自由になってしまいます。

放下することは自分を「ゼロ」にリセットすることです。**潔くこれまでの栄光を捨て、「ゼロ」になることで、心の器＝キャパシティにすっぽりとスペースができますから、何でも入れることができます。**それまでの人生で溜めてきた不必要な荷物を下ろし、もう一度、無限の可能性を手に入れることでもあります。

一方で、これまでの人生で、肩書にも富にも恵まれず、「自分にはお金も才能も何もない、だから何の価値もない」と悲観しているタイプの人にも、同じく「放下著」という言葉が必要です。

趙州禅師と厳陽の問答には続きがあります。何も持っていないのに、禅師に「放下著」と言われた厳陽は、「でも何も持っていないのです。何を捨てればいいのですか？」と再度問いました。すると禅師は「それでは担いでいけ」と言いました。何もないのですから捨て去ることも、担いでいくこともできないと思うのが普通です。しかし、**禅師は、「持っていない」と思う心すら窮屈で余計なものだから、担いで持ち去れと言ったのです。**

YouTubeの『大愚和尚の一問一答』には、「私はブスだから何も思い通りにならないんです」「私は小さいときからいじめられてばかりで、幸せになることを諦めてます」という負のスパイラルに陥っている人たちの悩みがあふれています。富をひけらかしたり、美人を鼻にかけたりせず、謙虚であることは大事ですが、このタイプは「**何も持っていない自分はダメ人間」「自分はブス」「自分はいじめられやすい」という思い込みで心の器をパンパンに埋め尽くし、それ以上何も入らなくしています。**

引退したプロスポーツ選手が「人一倍努力した自分は誰からも尊敬されて当たり前」という自分像をつくっていても、若い人にあっさりスルーされるのと同じで、**「何も持っていない私」や「ブスな私」は、実はその人が思い込んでいる自分像**にすぎないのです。

人は、誰かと初めて会うとき、「この人はどんな人だろう」と、ごく自然に好奇心を持って相手の前に立ちます。だから、世間の価値観や理想像に縛られ、自分を卑下する必要はありません。

最初から自分はダメな人とか、ブスというレッテルを貼って、いつまでも後生大事に持っているのはもったいないなぁ、と思います。

そんな自分に気づいたら、即座に放下しましょう。マイナス1、マイナス2、マイナス3と自分を減点するのはやめて、「ゼロ」にリセットすればいいのです。

「ゼロ」とは何かといえば、**無垢な赤ちゃんの状態です。純粋で、素直で、無限の可能性を持っている赤ちゃんの心をイメージしてみてください。**

禅語を実践しているように見える禅僧であっても、「放下」はもっとも難しい実践です。知らぬうちに心に垢が溜まり、何かをきっかけに見栄や欲、あるいはいらぬ劣等感が芽生え、心にはびこっていきます。なかなか「ゼロ」に戻すことは難しい。

だから、僧侶は頭を剃るのです。**欲や見栄は髪の毛と同じで知らず知らずのう**

ちに生えて、伸びていきます。禅僧は4と9のつく日に頭を剃ると決まっているのですが、そのたびに、髪の毛と一緒に、心に積み重なっているものを放下するわけです。頭を剃るのは難しくても、自分の部屋を掃除したり、クローゼットを整理したり、化粧を落としたりする習慣とともに、自分の心に見栄や欲などの垢が溜まっていないかを確認し、ホコリや汚れと一緒に落としていくのもひとつの手です。

一度にすべてを捨て去ることが難しければ、少しずつでも何度でも、放下していくことです。**「ゼロ」にリセットすることで新しい可能性が開け、何にもとらわれないあなたの純粋な心に惹かれる人が集まってきます。**お釈迦様の生まれたインドで発見された数字「0」は、幸福への可能性を持つ無限の数字なのです。

43

【引けば失望、足せば満足】

ひけばしつぼう、たせばまんぞく

ゼロからスタートすれば
足し算するたびに喜びがあふれる

住職としていろいろな方にお会いし、また、悩み相談でさまざまな人生に出会っていくうちに、私を含め、現代人には人生を数値化、数式化して表すクセがあることに気づきました。それが良いことか悪しきことかはさておき、同じ数値化、数式で表すにしても、そこに幸福な人と不幸な人のセオリーがあると感じるようになりました。

「引けば失望、足せば満足」というセオリーです。これは私のオリジナルの言葉で、同じ事柄でも、気の持ちようによって人は失望したり満足したりする、ということを表しています。

引き算の思考は失望につながります。たとえば、自分の夫は100点満点だと思って結婚したとしましょう。ゴミ出しをしてくれなかったら、マイナス10点。さらにあるとき、ちょっと失態をやらかしてマイナス30点。すると、100－10－30＝60で、まだ実際には60点残っているにもかかわらず、気持ち的には0点になってしまうことがあります。完全に相手に失望してしまっている状態です。

このように、高い期待値から、引き算思考で相手を評価しようとすると、評価の落ち込みが激しく、こんなはずじゃなかったと失望しやすくなります。しかし考えてみれば、結婚相手に勝手に100点をつけ、理想的な男性像を妄想していたのは、あなたです。

これが入社した会社だったらどうでしょうか。嫌なことがあるたびに引き算していると、あっという間に転職したくなっていくことでしょう。けれど、会社に対して100点をつけて期待していたのは、やはりあなた自身です。会社は、100点をつけてほしいとは言っていません。「だまされた、期待外れ」と言われても、あなたが勝手に思い込んでいただけなのです。

一方、**足し算は満足感を与えてくれます。**たとえばひとりの部下が自分の部署に配属されました。最初は何も知らないし、わからないけれど、素直で好印象だから、10点からスタートです。案外明るく笑顔で挨拶するからプラス10点、さらに、案外細やかに仕事をしてくれてプラス20点。まだ40点にしかなっていないのに、部下に対する満足度は80点くらいに膨らんでいるのです。

最初に身勝手な期待を抱かず、低い点数からスタートする。すると、ちょっといいことがあったとき、少しずつ足し算を重ねて、末広がりに点数が上がっていきます。足し算思考をすると、気持ちが上がり、幸福度が上がるのです。

私の会社では新入社員が入ってくるとき、「夢と希望を持って入ってこないでください」と冗談交じりに釘をさし、「できるだけ低い点数で入ってきてほしい」と伝えています。お金をいただく以上、どんな仕事に従事しても、その人はプロです。厳しいことも多いので、その中にも案外楽しい、案外いいこともある、と少しずつ点数をアップしてもらいたいと思ってのことです。

私自身のことをいいますと、私にとって生まれ育ったお寺が実はいちばん嫌な場所でした。厳しい師匠、堅苦しい伝統やしきたり。何より、良きにつれ、悪しきにつれ「お寺の子」と噂されて、周囲の目を気にして生きなければならない窮屈さが嫌で、早くお寺を出て自由になりたい、と思っていました。ところが、少しずつ年を重ねていくと、知らぬうちに世俗の喧騒を離れた本堂の静けさがありがたく思えるようになりました。また、仏の教えがこんなにも深遠なものであったと気づくようになってきたのです。それまでわからなかった仏法の奥深さに触れたときの喜びは、筆舌に尽くしがたいものがあります。

ゼロ点どころか、**マイナスからスタートした私のお坊さん人生**ですが、経験と年齢を重ねるごとに、加算点数が積み重なっていく喜びをかみしめています。まだまだ道半ばではありますが、私の内側に生じている満足感と充足感はこれからも末広がりに高まっていきそうです。とてもラッキーなことだと思います。

私たちは、日々の中で出会う人や出会うことなど、どんなこともジャッジして点数をつけがちです。では、満足のいく幸せな出会いにしたければ、どのように点数をつけていけばいいのでしょう？

何か新しいことを始めるときや新しい人に出会うときは、ゼロ点からスタートしてみることだと思います。**ゼロは決して評価が低いわけではありません。先入観がないフラットな状態です。**１００点満点から始めると、ちょっとしたことでも気になってマイナスになってしまいがちですが、ゼロから始めると、少しでもいいところがあると、ぱっとそこに光が当たり、目がいくようになります。

この言葉で、多くの人に**プラスを感じる温かな目線**を育ててもらえたらと思っています。

なにごとも、案外悪くないな、こんないい点もあるな、と少しずつ足し算をして、少しずつ点数がアップして末広がりに良くなれば、真に喜びの多い人生になります。そして最期には、点数などどうでもいい、点数などつけられない、「いい人生だった」と振り返ることができたら最高です。

44

【善因善果 悪因悪果】

ぜんいんぜんか あくいんあっか

自然に良い行いをすることで
そこに温かな光が差す

「善因善果　悪因悪果」はその字の通り、良い行いは良い結果を生み、悪い行いは悪い結果を生むという仏教の教えです。当たり前のように聞こえますが、多くの人は、良いことをしても損ばかりして、散々悪いことをしている人がのし上がり、のうのうとしている、と思っていないでしょうか。

私が受ける相談にも、「世の中は不公平なのではないか」という内容のものがとても多いです。人のために良いことをしていても全然報われない、と言う人には、結果が出るタイミングが異なるので、まだそのときがきていないだけです、と伝えています。三時業《さんじごう》といって、現世、来世、その次の来来世にその報いが必ずやってくるというのが仏様の教えです。因果は巡るといわれます。

報いが来世にやってくるなら、どんな悪行をしてもいいや、と思うかもしれませんが、私が寺の子として5歳のときから仏事に携わり、昔ながらの檀家さんたちの代々のつながりを見ていると、**良いことをした結果、悪いことをした結果は、やはり現世のうちに返ってくるものだ、**と感じています。

先日、ある檀家さんのおばあちゃんが85歳で亡くなりました。お葬式では子どもたちも、孫たちも、近所の人たちまでもが泣いていて、大勢の人たちに惜しまれて逝った人であったことが伝わってきました。

聞けばそのおばあちゃんは、生前、困っている人たちに気さくに手を差し伸べ、周囲に親切にしてきた方だったといいます。おばあちゃんの家には、助けられた人たちや近所の人たちが、「お礼に」と、そのおばあちゃんの家に野菜などを届けてくれるようになりました。おばあちゃんが亡くなった今でも、玄関を開けると、時折そこに、誰かしらからの届け物が置かれているといいます。

その女性は亡くなってしまったけれど、彼女の親切な行いに対する感謝の報いはその次の代にも続いていました。なんと心温まる話でしょうか。


人が亡くなると、いろいろな手続きがあります。役所関係の手続きも遺産相続の手続きもあるでしょう。しかし、いちばん大事な手続きは、お金でも土地でもなく、「心の相続」なのかもしれません。このおばあちゃんの家では、おばあちゃんが生前に施した良き行いが良き報いとなり、残された遺族に届いています。人を思いやる「心」は、おばあちゃんから次の代へとその家の伝統として受け継がれていくことでしょう。

一方、悪い行いもしかりです。殺人や窃盗、あおり運転など、罪に問われるような悪行を犯せば、罰が下るのは当然です。なかには、自分が悪と思わずにやっていることや、これくらいならいいかと思ってやっていることもあるでしょう。しかし、どんな小さなことであっても、悪いことへの悪い報いは巡ってくるものです。

本当に小さなことですが、とても残念なことがありました。

以前、法要に、父母と2人の娘さんの4人の家族が来てくださいました。読経の間は正座をしていますから、足が痺れてしまいます。お焼香に立つときは大変です。立ったときに、お父さんが座布団を踏んでしまっていたので、お母さんが「お父さん、下りて」と小声で注意しました。ところがお父さんは注意されたことに腹を立てて、座布団をずかずかと踏みつけながらお焼香に行ったのです。つまらないプライドで、悪行を犯してしまいました。

ほんの小さな怒りによって起こしたことです。座布団を踏んだ後、「しまった」と頭を掻いて畳に下りれば、その場で終えることもできたはずの些細なことです。とはいえ、このお父さんの何気ない小さな行いでも、それが積み重なると、大切な肉親たちからの信頼を失ってしまうのです。

長い間、人々からの信頼を得て成功している人は、やはり周りの人たちに向けて良い行いを重ねている人です。悪いことをしている人は、たとえいっときのし上がったとしても、すぐにすたれてしまうでしょう。

こっそりとやればわからないだろう、誰にもばれないだろうと思って犯す小さな悪行にも悪い報いは返ってきます。誰も見ていないからと決められた日以外にゴミを出せば、悪臭に襲われたり、虫がわくという事態に陥ります。受験勉強をさぼれば、当然、結果が思わしくないはずです。

何も悪行をしていないと思っていても、人間関係にヒビが入るなど、悪いことが起こったら、それは**小さな悪行の積み重ねが結果に出たまで**です。そのことに気づき、自分の行いを見直しましょう。**姑息なことをせず、人として、正しく真っすぐに生きようと心に決めること**です。

また、良いことをすれば良い結果が返ってくる、だから良いことをすればいい、と狙ったのではうまくいきません。人を思いやり、やるべきときに自分ができることをし、まっとうに生きれば、自然と良い行いが生まれます。良いことをしても、報われていないと思うのは、まだそのときがきていないだけ。めげずに腐らずに自分の信じる道をそのまま進んでください。やがて、人々の信頼や心の安らぎなど、この上ない良い結果がもたらされるでしょう。

45

【平常心】

へいじょうしん

一瞬一瞬の真剣勝負が
圧倒的な差を生み、
異彩を放つ人になる

平常心とは何か。

禅の世界においての〝平常〟とは、現代人が寝転がってテレビを見ているというような日常とは異なります。いつも真剣勝負、命をかけて修行する禅僧の日々が、この言葉の意味する〝平常〟です。


趙州和尚がまだ修行をしていたときのことです。師匠である南泉《なんせん》禅師に問います。

「道とは何でしょうか?」

禅師は、

「平常心是道(平常心、これ道)」

とおっしゃいました。


茶道、華道、書道、武道に「道」とあるように、一所懸命に、つまり一所に命をかけて、極めていく学びに、この「道」という字がついています。

そして、命がけで修行を積む日常のあり方がそのまま「道」である、と南泉禅師は修行中の趙州和尚に伝えたわけです。


このように平常心が「道」というと、特別に名を成す人のための禅語で、自分には難しいと感じる方も多いかもしれません。けれど、平常や日常は誰にでも平等に与えられています。一日24時間は、変わりません。**日常をどう過ごすかで未来が変わっていくのだ、**ということを私はこの言葉でお伝えしたいのです。

明治の文豪、幸田露伴の娘・幸田文さんのエッセイの中に、こんなエピソードがあります。

幸田文の『しつけ帖』（平凡社）の「水」という章です。

露伴は水を侮《あなど》ってはいけないと言って、娘に雑巾掛けのなんたるかをしつけました。どういうことかというと、雑巾掛けをするときに、バケツの上で雑巾をギュッと絞ると、どうしても水滴が周囲に落ちることがあります。特に小さな子どもの場合は「仕方ない」で済むことです。しかし露伴はひとつの滴が落ちることも許さなかったのです。つまり、ごく日常の動作である雑巾を絞るときも真剣勝負というわけです。

私はこの雑巾のエピソードに少し驚きつつも、雑巾を絞る一瞬に細心の注意を払う、これこそが「平常心是道」の実践だと深く共感しました。なぜなら、それをしつけられた人は、最後にワタワタと床に落ちた水滴を拭《ぬぐ》うことはありません。バケツを引っくり返すような大事に至ることもないでしょう。日常の小さなことにも心配りができるということは、常に心が静かで、それが日常の些事《さじ》であっても、自分自身の目標へ向かうときであっても、淡々と進め、実行することができるのです。

目の前の小さなことでも真剣勝負で極めることで、学びや気づきが生まれます。**どんな些細なことにもドラマがある**とわかるのです。

「毎日がつまらない」と嘆いている人は、目の前のことに必死になったり、夢中になったりしたことがない人なのかもしれません。そんな人がたとえ旅行に行っても面白くありません。誰かが一生をかけて造った建築物を見ても、芸術作品の前に立っても、原爆ドームのような悲惨な過去を目の当たりにしても、「あ、これ、前にガイドブックで見たあれね」で終わってしまう。日常生活のなかで真剣勝負をしたことがない人は、それがどのような意味を持つのか、どんなに素晴らしいことなのか、リアルに感じ取ることができないのです。

最近は、職場などで新人が湯呑みを割っても、「割れたものは元に戻らないからしょうがないよ」と言われて終わります。過失をしても、それが過失と扱われず、深く反省して謝り、場合によっては弁償するという機会を失っています。深刻に対処する事態を経験して自分に耐性をつける必要もなくなります。**心を鍛える機会がない現代の「日常」は、リアルを感じられないガラスのハートを大量生産しているともいえます。**

ガラスのハートの人たちは、どんな人生を送るのでしょう。

目の前のことに責任感や覚悟を持たず、自分の人生のはずなのに、どこか他人事で、リアリティのない人生になってしまいます。「こんなはずではなかった」「もっと彩り豊かな人生を送りたかった」と、一生を終えることになってからでは遅いのです。

武道の世界でも同様のことがいえます。本番だけ頑張ればいいと、日頃の練習では気を抜き、適当にこなしていると、いざ本番の試合のときに勝つことができません。日常と本番を分けず、常に真剣勝負だと思い、気迫に満ちた練習をしている人だけが勝利を手にすることができます。

自分が何かに真剣に取り組んだことがあり、失敗したり、痛手を負ったりしたことのある人は、命がけのすごさがリアルに実感できます。すると、この世界が無限の学び、無数のドラマに満ちていると気づき、目の前のことに常に真剣に臨めるのです。

それは、仕事でも勉強でも、受験でも同じことです。

勝負のときだけ勝とうとするのではなく、一瞬一瞬、ひとつひとつを真剣勝負で向き合うことが大切です。一日24時間×一生となると、その積み重ねの成果は計り知れません。

地道に10年、20年と積み重ねた結果、**周囲からの信頼感も含め、すべてにおいて、圧倒的な差ができ、突き抜けて異彩を放つ人になれる**のです。

46

【縁起《えんぎ》】

この世界を生かすも殺すも
あなたのアクションにかかっている

世界は広く、海や大陸や国境などのボーダーがありますが、地球はひとつで、この世界はつながっています。新型コロナウイルス感染症で、そのことを実感した人も多いのではないでしょうか。最初に中国の武漢でひとりの感染者が出ました。それが少しずつ広まってニュースで取り上げられたとき、へー、新種のウイルス？　コロナっていうの？　と人ごとに感じていた人も多かったはずです。しかしその後、世界中が震撼し、誰もがマスクをつけるようになりました。世界が一変したのです。

良いことも悪いことも、最初に始まりがあり、それによって別の場所で何かが起こります。あるひとりの行動が巡り巡って地球の裏側など別の場所に何らかの変化を起こし、それが広がって影響を及ぼしていきます。その真理を「縁起」という言葉で2500年前に発見したのがお釈迦様です。

「縁起」とは、**何か始まりとなる要因があるからすべての現象が存在する**という、この世界の現象を解き明かしたお釈迦様の教えです。原因と結果、何かの発端とそれによって起きること、因果関係を表す言葉なのです。

では、人のどのような行動が世界中に影響を及ぼしていくのでしょうか。お釈迦様は、身口意《しんくい》といって、「あなたが体で行うこと」「口で話すこと」「心で思うこと」が、「縁起」の法則ですべて外の世界とつながっていると説いています。つまり、**行いや言葉だけではなく、心で思うことですら、世界に影響を及ぼしていくということ**なのです。

政治家でも有名人でもない自分がひとりで行動したところで、何の影響もないだろうと考えている人が多いかもしれません。しかし、どんな人のどんな行動も巡り巡ってこの世界を変えていくということなのです。あまり、そのような実感はないかもしれませんん。しかし、「自分さえよければいい」「社会とは関係ない」と思って行動していることが、家族や周囲の人々へ伝播します。さらにその外へと広がり、最後には地球の裏側にも届いていきます。もしも誰かが欲を暴走させて、自分の周りを荒らすだけ荒らしてしまったら、巡り巡って世界に影響を及ぼしてしまうということなのです。

私は、「自分と社会は一切関係ないし興味がない」と思っている人たちに、ぜひこの「縁起」の法則を知ってほしいと思っています。社会と関わることを避けている引きこもりの人に会う機会があれば、「縁起」についてお話ししています。

引きこもっている人は、「社会とは関係ない」「自分なんて」と思ってしまいがちです。でも、その実、インターネットで社会をウォッチングしていたりします。

私は、引きこもりの人に、学校や会社には行けないかもしれないけれど、コンビニに行くときなどに、ついでに袋を持って出て、タバコの吸い殻やゴミを拾ってごらん、と伝えています。仏教の修行のひとつでもある「作務＝労務」をしてみてくださいということです。誰もその行動に気づかないかもしれません。でも誰かに見せることが目的ではありません。**そのごくごく小さなアクションが回り回って地域や社会に必ず影響を及ぼしていきます。**続けることで、引きこもる心そのものも外へ向かい、ポジティブに変化するでしょう。そのことをぜひ、実感してもらいたいのです。

若き環境活動家グレタ・トゥーンベリさんの、環境破壊から地球を守ろうと呼びかけるアクションも、最初は自分の学校の中という小さな世界から始まっています。彼女の場合のように、世界を動かすようなムーブメントにならなくても、少しずつ小さな波が途切れることなくじわじわと周囲に広まっていくのです。

今、人間の身勝手な行動で、地球や地球上の生き物が悲鳴を上げています。

ハワイのサンゴが観光客の日焼け止めクリームの影響で壊滅状態になっていることや、太平洋のウミガメが日本産のペットボトルによって命を落としていることをご存じでしょうか？　日焼け止めクリームの成分が海水を汚染し、サンゴが生存できない環境になっているのです。また、ウミガメが漂流するペットボトルをはじめとするプラスチックゴミを誤って飲み込んでしまうと、正常な消化ができずに死んでしまいます。

さらに、ファストファッションの安価な衣類は、安価なだけに不用品になりやすく、発展途上国に寄付と称して大量に送られています。それが大量のゴミと化して蓄積し、現地の人々の暮らしを脅かすほどになっていることをご存じでしょうか？

そのようなニュースやドキュメンタリーが報じられても、自分には関係ないと思い込んでいませんか？　地球を危機に陥れているのは誰か別の人であって、自分ではないと思っている人がたくさんいます。しかし、海で泳ぐとき、日焼け止めクリームを塗っていませんか？　日常的にペットボトル飲料を飲んでいませんか？　ファストファッションブランドの服を買っていませんか？　そして発展途上国や被災地には本当に必要とされているものは何かをよく考え、情報を集めて冷静に寄付をしていますか？　自身に問いかけてみてください。

持続可能か否かの分岐点にいる私たちは、もはや無知ではいられません。縁起の法則が巡り巡って、さまざまな場所で破綻し始めているのです。ひとりひとりが日々のなかでどのようなものを選び、消費し、どのような暮らしをセレクトしていくのか、しっかり考え、見極めて行動するときがきています。持続可能な暮らしを選び取っていくために「身口意」を整え、不用意な行動を慎まなくてはなりません。今日から、良い始まりと、良い結果が生まれるよう「縁起」に良い循環を生む生き方を始めてみてください。

47

【六根清浄】《ろっこんしょうじょう》

何もない「無」の状態でも、
幸せはいくらでも生み出せる

人が生命を維持するための5つの器官である目、耳、鼻、舌、身、そしてそれらから生まれる意（＝意識）。この6つの感覚は、もっともっと気持ちよくなりたい、より快いものを取り入れていきたいという人間の欲の源でもあります。これを六根といいます。この人間の根源的ともいえる欲を断ち切り、外へ向けて、誰かに対して功徳を施していくことで六根が浄化され、正しい仏の道を進むことができるという意味を持つのが「六根清浄」という言葉です。自分の欲を満たして、ひとりで幸せになっても人は幸せではなく、**自分以外の誰かに手を差し伸べ、一緒に幸せになることこそが幸福なのです。**

私たちは「幸せは特別なところにある」「お金がなければ幸せになれない」と思いがちですが、「六根清浄」という言葉は、**真の幸福は私たちのとても身近にあること**を伝え、いつでも自分を変えることができるという、お釈迦様からの心を豊かにするメッセージです。

2011年の東日本大震災や度重なる土砂崩れなどの大雨の被害、そして、今なお続く新型コロナウイルス感染症の拡大。次々とやってくる大災害や厄災の大きさに、人間の無力さを突きつけられます。

「こんな大惨事に見舞われる時代に、私は本当に幸せになれるのだろうか」「自分は家族を守ることができるのだろうか」と不安に包まれます。

そんな今だからこそ、「六根清浄」という言葉が意味を持ちます。何も持っていない人でも、**誰もが誰かに手を差し伸べることができます。**小さな行動で、人と人はどんな状況でもつながることができて、相手も自分も共に満ち足りた気持ちになることができるのです。

けれども、どうしたら手を差し伸べることができるのか、人との関わり方が苦手と感じている人に提案したいのが、「無財の七施」です。これは仏教の実践の行として、お金がなくても誰かに手を差し伸べられる7つの方法を示しています。施しを通して自らの人格を磨く修行のひとつなので、ぜひ覚えていただきたいです。

「無財の七施」

1　眼施（がんせ）　温かく優しい眼差しを向けること

2　和顔施（わがんせ）　いつも笑顔で接すること

3　言辞施（ごんじせ）　優しく、ときには厳しい、愛ある言葉かけ

4　身施（しんせ）　自分の体を使って人のために尽くすこと
5　心施（しんせ）　思いやりの心を持つこと
6　床座施（しょうざせ）　座席や場所、地位を譲ること
7　房舎施（ぼうしゃせ）　家や部屋を提供すること

たとえば「和顔施」。日本では無表情で通り過ぎる人がほとんどですが、外国に行くと、目が合っただけでぱっとほほ笑みかけてくれる人が多いです。その瞬間に見知らぬ土地で張り詰めた心がほっと緩みます。見知らぬ相手でなくても、ご近所さんや同僚などにすれ違いざまにニコッとする。それだけで相手も自分も幸福感が増します。

家庭でも、おいしいごはんを作ってもらったときに、「おいしいね」の一言が出れば、それが「言辞施」です。作った人の疲れも吹き飛びます。良いことがあれば、思っているだけではなくて、きちんと口に出す「言辞施」は、家庭円満の秘訣といえるでしょう。

会社では、同僚同士、お互いの仕事をリスペクトして褒め合うことができたら最高です。「まさかこんな結果になるなんて、さすが○○さんの発想だね！」と言えれ

ば、これも「言辞施」です。

また、表現が苦手な人には**体を使って奉仕をする「身施」**もおすすめです。階段でベビーカーを運ぶお母さんを見かけたら、さっと持ってあげるのもいいでしょう。みんなでモノを運ぶときに、いちばん重そうなものを真っ先に持つことができたら、それも**「身施」**です。**電車の中で妊婦さんやお年寄りに席を譲ることができたら、「床座施」**ですね。

何気ない日常の中で、この「無財の七施」を少しだけ意識してみると、あなたの世界が180度転換します。家庭や職場においても、「ありがとう」と感謝されたら、それだけであなたの心が満たされます。中には仏頂面の人もいることでしょう。でも、めげないで続けましょう。身の回りで小さな施しを繰り返していくことが、あなたの心を豊かにし、軽々しく怒りや妬みを持たないように磨き上げてくれます。「六根清浄」の実践で、**人から深く信頼されるような人になることができるのです。**

実はこの「六根清浄」は、**チャンスや成功を手に入れるための確実な方法**でもあります。「六根清浄」を続けている人は、負の感情を持つことなく、人間同士の衝突もなく、周囲の人々からも信頼されます。そのような人徳ある人の周りには人が集まっできます。人に恵まれ、そこにたくさんのチャンスが生まれ、自然と成功につながるのです。

もしあなたが、「私にはお金や能力がないから何もできない」と思い込んでいるとしたら、それは間違いです。**あなたがただ、行うだけで得られる幸せがある**ことを知ってください。日常を少しだけ変えて、笑顔や言葉や体で、相手への気持ちを伝えてみましょう。それを続けていくことで「ない」が「ある」に、「ある」が「幸福」に転じます。「無財の七施」のうちのひとつでも、今日から実践してみてください。「六根清浄」を続けた人生とそうでない人生には、幸福度という点で大きな差ができていることでしょう。

48

【冷暖自知】

れいだんじち

危険や失敗から目を背けず
感性を磨けば、
力強く「命」が開花する

池のそばで子どもが夢中で遊んでいると、落ちたらどうしようと冷や冷やします。福厳寺にも池があるので、大丈夫だろうか、誰か落ちないだろうか、とつい考えてしまいます。

心配が高じて、いっそ危険のもとを取り去ってしまえば安心なのではないか、と考えがちです。責任問題になって訴訟が起きることもある現代ですから、その傾向はますます加速しているといえるかもしれません。

しかし危険だから、何が起きるかわからないからと、**危険要因を排除し続ければ、人間が本来持っている感性や危険を察知する能力はどんどん衰えてしまいます。**

冷暖自知は、人は水に触れてみて、初めてその冷たいこと、火に近づいてみて、初めてその暖かいことを知る、という意味の禅語です。

その水がいかに冷たいか、をどんなに説明されても、実際に水に触れるまではその水の冷たさがわかったことにはなりません。どんなに火が熱いかを説明されても、火に触れるまでは火の熱さはわかりません。**悟りも同様に、人に教えられて知るのではなく、体感するもの**と伝える、大事な言葉です。

福厳寺の境内には、師匠の代に創建された幼稚園があります。私もかつて、この幼稚園に10年、職員として勤めました。毎年、新入園児募集の時期になると、大切な我が子の幼稚園選びのために、たくさんのパパ、ママが来園します。近年増えているのが、過保護なママです。たとえば園の敷地を視察しているとき、園舎の裏山にある切り株を指さして、「あそこで子どもが転んだらどうするんですか？」と聞くのです。そんなとき、うちの園の先生たちは**「あの切り株は子どもたちが転ぶためにあります」**と答えます。土の上で、身の軽いうちに転ぶことを体験しておく、それも幼稚園にとって、とても重要なカリキュラムのひとつといってもよいかもしれません。大きくなるまで転んだ経験がないと、危険を察知して自分を守る力が育たず、また転ぶときも、転んだ後も、どうしていいかわからずに大きな怪我につながってしまい、それこそ危険ですから。

親が先回りをして、危険や痛みを未然に防ぎ、手間を省略することで、子どもの感性を磨くための貴重な機会を奪ってしまってはなりません。

しかしながら、私たちは今後、ますます冷暖自知しづらい時代に突入していきます。ロボット化、IT化が急速に進み、将来はスマートフォンひとつで、お金の入出金や住宅の家電製品、子どもの教育から通勤通学までもがコントロールできる時代がやってくるといわれています。

私たちが便利で安全、清潔な環境を求め、それに応えるようにテクノロジーが進化していく。掃除はゴミを触らなくても、掃除機でくまなくこなせますし、料理は火加減を調整しなくても、ボタンひとつで自動調理してくれる製品も出ています。また、怪我を未然に防ぐための仕組みや道具、環境がつくられ、子どもたちは、落としても割れない食器を使用して育ちます。

この冷暖自知しづらい文明化の永続は、本当に健康で、豊かな社会を私たちにもたらすのでしょうか。

もちろん、私もテクノロジーの進化によって得られた文明の力を享受して生きています。便利な道具や環境によって、生きることが随分楽になったと感じています。

しかし同時に、**この便利さ、快適さが、人間の心と体に新たな病の種を埋め込んでいる気がしています。**

私たちの体には、「眼耳鼻舌身」という五感が備わっており、これら五感を介して外界の情報を脳に取り入れ、脳で思考判断し、脳からの指令によって筋肉を動かして生きるように設計されています。筋肉は力を発揮すると同時に、ポンプの役割を担って、血液などの体液を全身に巡らせ、体中の細胞に酸素や栄養が行き渡るという仕組みです。ところが、テクノロジーの進化がそれら五感の働きや筋肉の働きを代替してくれるようになると、極論として、私たちの体は必要がなくなってしまうのです。そして必要なき体は退化し、退化した体は使わなさすぎることによって、新たな怪我や病気を引き起こすのです。

長年幼稚園教諭としてクラスを持ち、現在は園長を務める私の家内は、近年の家庭では電化製品に頼りすぎて、子どもたちが生活の中で本物に触れたり、リアルな体験をする機会が少なくなっていることを危惧しています。それが身体機能の低下を招くだけでなく、心の感性までも奪うからです。そこで家内は、娘が小さい頃から、ゴミを拾ったり、汚れを掃除するときに、「道具を使わずに、まずは素手できれいにしてみて」と教育しています。

たとえば我が家では、入浴後に壁の水滴を拭き取り、濡れた髪を乾かしたら床を掃除することがルールなのですが、そのときは最初から掃除機を使わず、落ちている髪の毛やホコリを素手で集めさせます。なかなか摑みにくい濡れた髪の毛、ふわふわのホコリなどを手で感じることで、冷暖自知感覚を磨き、それを工夫して拾い上げることで、体の巧妙性も磨かれてほしい、ということなのです。

「冷暖自知」という禅語は、**便利さ、快適さを求めるあまり、人間が本来持っている能力や感性を鈍らせてしまっている現代人への警鐘**です。脳だけに頼る「頭脳知」ではなく、五感と筋肉をしっかりと働かせることによって、「身体知」が育ちます。また、**体を使うことで、危ない、痛い、汚い、キツいなど、さまざまな体験ができ、そこから他人への思いやりや共感といった、慈悲心が育つ**のです。

便利な時代になったからこそ、あえて体をフルに使い、五感をフルに使って冷暖自知することで、バーチャルではない、リアルな生を生きることができます。リアルな生活は、命にたくさましさと充実感をもたらし、「命」を力強く開花させることができるのです。

49

【遊老学病】

ゆうろうがくびょう

老いは人生の豊かさへ。
病は自分を知る学びに

科学・医学の発達で、不治とされてきた病気も克服できるようになり、寿命が年々延び、人生100年時代といわれています。医学は万能である、というイメージが先行しているせいか、「老病死」はあってはならないものとして捉えられる傾向があります。アンチエイジング商品が次々と売り出され、「60歳なのにこの若さ？」と老いを隠し、若く見えることを喜ぶ風潮に引きずられている人も多いのではないでしょうか。

しかし、生きている限り、老いを止めることはできないし、当然、病気にもかかります。

その厳然たる事実を、**悲観的に捉えるのではなく、むしろ当然のこととして前向きに捉える生き方が「遊老学病」**です。

住職をしていると、お年寄りの方たちと接する機会も多いのですが、その中には、実に自由に年を取ることを楽しんでいらっしゃる方がいます。まさに老いを遊んでいるようで、「遊老」という言葉が頭に浮かぶのです。

さらに生きていれば病気と無縁ではいられません。しかし、そんな遊老人は、死を意識するような病気にかかることさえも、**「生きる意味を問われ、精神力が鍛えられる」**と言ってのけるから、さすがです。

私自身、体を壊したことから学んだことがたくさんありました。ですから常に思っているのは病に学ぶ＝「学病」ということです。

「遊老学病」は、そんななかから生まれた大愚オリジナルの禅語です。

90歳を超えてなくなった檀家のNさんは、まさに老いを楽しんでいた「遊老」の人でした。用事があって家を訪ねると、お茶を飲みながら話してくださるのは、いつも「老い」の話で、

「いや、面白いものでね、ほんの1センチの段差にもなぜかつまずくんです」

「年を取るとおしっこのキレも悪くなるんですな」

などと、とても愉快そうに話してくれました。

「最近、電話が鳴ってもすぐに切れちゃうから、みんな、なんてせっかちなんだろうって思っていましたが、家内に〝あんたの動作が遅いのよ〟って言われましてね。そういえば、最近は、〝よっこらしょっ〟と立ち上がるのに時間もかかるし、電話のところまで行くのにもまた時間がかかっているんですね。動作がのろすぎて電話が切れていたんですな」

と、〝衰えネタ〟で、笑わせてくれます。

また、70代、80代のおばあちゃんたちが「わたしら歳だからね！　3つ聞けば2つはきれいに忘れるわ」と笑い合っている姿を見ると、**歳を取ることが悲観的なことで**

はないと思えてくるのです。

しかし一方では、「人生の折り返し点を迎え、先行きが不安です」「年寄りは社会の邪魔者だから、そんなに長く生きていても仕方ないですね」「若い人たちに迷惑をかけたくない、どうしたらいいのでしょう？」といった悩みがとても多いのが事実です。

老いていくことや病気にかかることに不安を感じている人へ届けたいのが、この「遊老学病」という言葉です。

福厳寺のある地方都市では、農家のお年寄りたちは、畑に出て熱心に草取りをして、収穫物を物々交換して生き生きと老後を楽しんでいます。その一方で、仕事を引退し、老いを悲観しながら家にこもってばかりで、「遊老」できていない人もいます。

老いると、体力が衰えるので、周りからは何もしなくていいよと言われがちですが、団地の花壇の草取りでも、水やりでも、なんでも買って出ればいいと思います。若い頃とペースが違っても、それが当たり前なのですから、悲観する必要はないのです。

どんな小さなことでも自分にできる役割や生きがいを見つけて、外と関わることができたら、見えてくる景色も変わります。

私も最近は老いを実感しています。物忘れをすることもありますし、子どもたちと一緒に走れば、彼らはハァハァ、こちらはゼェゼェ。でも、考えてみればそれも当然のことです。

私の師匠も若い頃から苦労をして、早くから総入れ歯になっているのですが、私が歯痛に苦しんでいる姿を見て、「おまえも早く歯がなくなれば楽だよ、食べ物はおいしいし、手入れも簡単だし」と言っています。老いをネタにあっけらかんと笑えたら、老いる不安も吹き飛びます。

「遊老」の極意は、老いという、その人にとっての**初めての肉体体験を面白がれる心の柔軟さ**に尽きます。前向きに捉えて、その気持ちを伝え合って楽しもうという実に愉快な試みなのです。

また、生きていれば、当然、病気になることもあります。私は整体師を志し、15年間、体と向き合い、生理学、病理学を勉強しました。すると、以前は発熱したり、炎症を起こすのは良くないことだと思っていましたが、自分の命を守ろうとする大事な体の反応だということを知りました。体にばい菌が入ると、それ以上の繁殖を防ぐために体が発熱し、免疫細胞がばい菌を退治します。体からウミが出るのは、免疫細胞がばい菌と闘った末に出る死骸なのです。発熱や炎症は決して悪いことではなく、**生きるために体**

が闘っているサインであり、自分の体を見直す機会でもあるのです。

だから自分の体をしっかり観察して、少しでも体に異常があるときは、体を守る力を十分に発揮するためにも、休まなくてはいけません。

しかし、そのことを知る前の私は、栄養ドリンクの世話になってばかり。空手で鍛えているからと、自分の体を過信して、どこまでできるか自分の体にチャレンジするつもりで、ジェットコースターのように、大きな山場を登っては下り、登っては下りが延々と続くハードな毎日を過ごしていました。

そしてついに、救急車で病院に緊急搬送されます。血尿とインフルエンザで病院を訪れ、処方された薬がきっかけでアナフィラキシーショック症状を起こしたのです。後で看護師さんに聞いたところ、心肺停止の寸前までいき、生死の境をさまよっていたそうです。

人生は根性だけでは何ともならず、また体だけでも何ともならないことを思い知った出来事でした。

それ以降、私は、ひとりですべてを抱え込まず、任せられることは、どんどん人に任せることにしました。仕事も譲り、社長の職も譲り、その結果、私が現役のときよりもずっと売り上げが伸びたのです。

まさに病に学ぶ＝「学病」を、身をもって体験したわけです。病気で倒れることは負けではありません。病気は敵ではなく、**自分の状態を知り、それまでの自分のあり方を見直し、「無理のないやり方に変えていけ！」という自分自身からの合図**なのです。

老いも病も、さまざまな心の機微を運んでくれる人生の道しるべです。うとむことなく、目を背けることなく、きちんと向き合い、楽しんでしまうくらいのおおらかさが必要です。

少子高齢化が危惧される昨今ですが、私は、こんな時代だからこそ、お年寄りが街にあふれ、にこにこしながら、堂々と老いの姿を見せてくれるのがいい、と考えます。それがきっとこの社会が豊かであるという証しだと思うのです。「病気に勝たなければならない、老いと闘い続けなくてはならない」などという価値観は「遊老学病」のお年寄りたちの笑い声で吹き飛んでいくといいですね。

50

【還郷の時節】

かんきょうのじせつ

穏やかな最期を迎えるには
どう死ぬかより、どう生きるか

古代中国戦国時代を統一し、万里の長城を築いたことでも知られる中国・秦の始皇帝。彼が唯一恐れたのが「死」でした。「蓬莱《ほうらい》」という不老不死の地を求め続けたことは有名です。

彼が葬られた巨大な陵墓には、おびただしい数の素焼きの兵士や馬が、秦の軍隊を再現するように埋められていたといわれています。すべてをほしいままにした権力者ですら恐れた「死」。「死」はそれだけ、誰にとっても怖いものであり、だからこそ死の不安から宗教が生まれてきたのです。

禅では、「死」を**「還郷」**、つまり**「命の大もとである大自然の故郷に還っていく」**ことと捉えています。「死」は自然の営みであり、「生」と同じように日常のことだとお釈迦様はおっしゃっています。私がこの「還郷」に「時節」という言葉をセットでつけ加えたのは、お寺で人の死を見つめてきた経験から、死は決して歳を取った順ということがなく、その人それぞれに死のタイミングがある、「時節」があるのだという意味を込めたかったからです。

夫を亡くした88歳のおばあちゃんが、1年後の夫の命日の前日に容態が急変して亡くなりました。死者がお仏壇を介して家に戻ってくるとされている命日。その前夜に「お逮夜《たいや》」という仏事がありますが、この「お逮夜」の時間に、おばあちゃんは亡くなったのです。おばあちゃんは、ご主人のことが大好きで、「もうすぐおじいさんが迎えに来てくれるから」と周囲にもほほ笑みながら話していたそうです。そのおばあちゃんにとっては、まさにそのときが「還郷の時節」であったのだと、不思議な縁《えにし》を感じました。

私の祖父は、大腿骨骨折《だいたいこつ》で寝たきりになり、最後はお寺で亡くなったのですが、いよいよというときに最後の気力で上半身を起こし、布団の中で坐禅の姿勢をとって亡くなりました。「坐脱立亡《ざだつりゅうぼう》」と称される、この、禅僧にとって憧れの死に方を実行に移した祖父は、きっと後悔のない最期を遂げたことでしょう。祖父の死でわかったことは、**最後の最後、事切れるまで「後悔なく生き、潔く死ぬ」ことの大切さ**でした。

誰もが怖くてたまらないけれど、誰も経験したことのない「死」をいたずらに恐れるのではなく、生きているうちは**後悔のないように生きる、**死ぬときは、大自然、大宇宙へ堂々と還っていく。

しかし、なかなかそうはいかないのが、人間です。数多くの末期がん患者を看取ってこられた大津秀一医師によれば、ほとんどの患者は、人間は死ぬときに何らかの後悔を持ってあの世に行くそうです。

ある檀家の方のお父様ががんで亡くなりました。亡くなった後の病室には、大きなカバンに押し込んだ書類がたくさん出てきて、多額の借金があったことがわかったそうです。がんの痛みと闘いながら、借金をどうにか返済できないかと苦しんだ父親のことを知り、愕然としたそうです。

その方は企業の重役さんで、「なぜ相談してくれなかったのか」と涙ながらにおっしゃっていました。お父さんは、息子に迷惑をかけたくない一心だったのかもしれません。しかし、これからも命日を迎えるたびに、孤独の中で苦しみを抱え込んで死んでいった父親のことが脳裏に浮かび、いたたまれない悲しい気持ちがいつまでも残ってしまうのです。それが誰にも迷惑をかけないことといえるでしょうか。

自分で何でもやっておこうという「終活」が流行していますが、自分ひとりでできることは非常に限られています。今取り沙汰されている「私らしい死」「私らしいお葬式プラン」というのは、まるでウエディングドレスを選ぶかのようです。自分の死を自分でデザインするという考えは、自分の死ときちんと向き合っているようでいて、ある意味とても独りよがりにも思えます。生まれたとき、私たちは何ひとつ、持って生まれてくることはありませんでした。死ぬときもまた、私たちは何ひとつ持って死ぬことはできません。家族がいない独り者なら話は別ですが、家族がいるのなら、子どもがいるのなら、最期ぐらい家族や子どもに迷惑をかけて死んでいったらいいじゃないですか。

死は自然の姿ですし、人がコントロールできるような単純なものではありません。人それぞれの「還郷の時節」があるのですから、もっとも大事なことは、お葬式の準備をすることではなく、**生きているうちに成すべきことをし、後悔を残さないこと**なのではないでしょうか?

あと3か月と余命宣告をされた方から、「怖くて仕方ありません。どうやったら穏やかな死を迎えられますか?」というご相談を受けました。私はその方に対して、**どう死ぬかではなく、あと3か月をどう生きるか**を考えてください、とお伝えしました。

お釈迦様は、最期のとき、死につつあるお釈迦様にすがって泣く弟子たちに向かって、こうおっしゃいました。「命ははかないから、怠ることのないように励め」と。

命を閉じる時節は誰にもわかりません。あと3年後かもしれないし、3か月後かもしれないし、ひょっとしたら明日かもしれないのです。もしそうだとしたならば、

あなたには、やっておきたいことはありませんか？
あなたには、行っておきたい場所はありませんか？
あなたには、成さねばならないことはありませんか？
あなたには、謝っておかなければならない人はいませんか？
あなたには、「ありがとう」と伝えなければならない人はいませんか？

死ぬことは怖くありません。古今東西、これまでたくさんのご先祖様たちが死んできたのですから。死ぬことは問題ではありません。これまでたくさんの先輩たちが死んできたのですから。問題はちゃんと生きていないこと。恐れるべきは死ぬことではなく、ちゃんと生きなかったことなのです。どうかいつか訪れる「還郷の時節」に、後悔しなくていいように、今を大切に、生きてください。

おわりに

この本の執筆中に、48歳になりました。33の姿に変化して、人々の苦しみを和らげ、喜びを与えるとされている観音菩薩のようになりたいと誓願を立てた33歳。あれから、はや15年が過ぎましたが、まだまだ求道の旅はこれからです。

現在は、お寺で主催する法話会、依頼を受けて出向く講演会や研修会などを通じて、みなさんに禅の話を届けています。対象は、社員さん、お医者さん、スポーツ選手、主婦、高齢者、学生さんなど、本当に幅広いです。そのときの法話テーマに応じて、出てくる禅語はさまざまです。原稿を頼まれたり、テレビやラジオで禅語を伝えることもあります。

YouTubeを見てくださっている人には、なんとなくわかると思いますが、『大愚和尚の一問一答』は相談者の悩みに対しての答えであると同時に、私自身への教訓、自戒でもあります。日々私に訪れるたくさんの、ああでもない、こうでもない、という人生の問いを、お釈迦様の教えに照らし合わせつつ答えを出している、いわば千本ノックのような修行の一環といえます。

情報化社会ですから、インターネットで検索すれば、あらゆる悩みに対する、あらゆる回答がずらずらと出てきます。しかし、それが一時的に喉を潤すことはあっても、渇きの根本を満たすことはあまりありません。悩みを託された私が、自ら険しい山に登ってお釈迦様の教えの源泉を汲む。それが、人々の枯渇した心底の渇きやひび割れを癒やすことになると確信しています。

この本に紹介した50の禅語は、命がけでお釈迦様の教えを求めた禅師たちが残した智恵の泉から厳選した言葉です。きっとあなたを救う「禅語」がここにあります。50ある禅語の中で、たったひとつでも、あなたが心を潤す言葉に出会えたならば、本望です。

そしてまた、いつかどこかで、このご縁を通じてあなたと出会える日を、楽しみにしています。

令和2年9月吉日　大愚元勝　合掌

大愚元勝（Taigu Gensho）

佛心宗大叢山福厳寺住職。慈光グループ会長。駒澤大学、曹洞宗大本山總持寺を経て、愛知学院大学大学院文学修士号を取得。僧侶、事業家、作家・講演家、セラピスト、空手家と5つの顔を持ち、「僧にあらず俗にあらず」を体現する異色の僧侶。愛知県小牧市に540年の歴史を誇る禅寺、福厳寺の弟子として育つ。3歳で経を習い5歳で葬儀デビュー、10歳で僧籍を取得するも、厳しい師匠や堅苦しいしきたり、「お寺の子」と噂される重圧に反発して寺を飛び出す。32歳で起業。慈悲心を具現化したいと、複数の事業を立ち上げて軌道に乗せる。社員教育は人間教育であることを実感し、40歳を目前に寺に戻ることを決意。事業を後進に引き継ぎ、インドから日本に至るまでの仏教伝道ルートをはじめとする世界23か国を旅し、自身の僧侶としてのあり方や寺院のあり方を問い直す。平成27年に福厳寺31代住職に就任。福厳寺興隆と寺町づくりに尽力する傍ら、佛心僧学院、講演、執筆、Webサイトなどを通じ、仏教に学ぶ「生き方」と「働き方」を、独自の切り口でわかりやすく人々に伝えている。YouTubeでのお悩み相談番組『大愚和尚の一問一答』は28万登録を超える。著書に『苦しみの手放し方』（ダイヤモンド社刊）がある。

最後にあなたを救う禅語

発行日　2020年9月26日　初版第1刷発行

著者　大愚元勝
発行者　久保田榮一
発行所　株式会社 扶桑社
〒105-8070
東京都港区芝浦1-1-1
浜松町ビルディング
電話　03-6368-8870（編集）
03-6368-8891（郵便室）
www.fusosha.co.jp

DTP製作　株式会社ビュロー平林
印刷・製本　株式会社加藤文明社

STAFF
デザイン　Yoshi-des.
校正　小出美由規
取材　おおくにあきこ
編集　合川翔子

ISBN 978-4-594-08592-6